STATISTICAL YEARBOOK OF CHINA RESTAURANTS IN CHAIN

中国连锁餐饮企业统计年鉴

2005

国家统计局贸易外经统计司　编
Compiled by
Department of Trade and External Economic Relations Statistics,
National Bureau of Statistics, People's Republic of China

中国统计出版社
China Statistics Press

(京)新登字 041 号

图书在版编目(CIP)数据

中国连锁餐饮企业统计年鉴—2005/国家统计局贸易外经统计司编.
—北京:中国统计出版社,2005.4
ISBN 7—5037—4609—2

Ⅰ.中…
Ⅱ.①国…
Ⅲ.饮食业—企业经济—统计资料—中国—2005—年鉴
Ⅳ.F719.3—66

中国版本图书馆 CIP 数据核字(2005)第 025989 号

中国连锁餐饮企业统计年鉴—2005

作　　者/国家统计局贸易外经统计司编
责任编辑/马　平　李　敏
封面设计/艺编广告·杨燕超
出版发行/中国统计出版社
通信地址/北京市西城区月坛南街 75 号　邮政编码/100826
办公地址/北京市丰台区西三环南路甲 6 号
电　　话/(010)63459084/63266600—22500(发行部)
印　　刷/科伦克三莱印务(北京)有限公司
开　　本/880×1230mm　1/16
字　　数/360 千字
印　　张/12
版　　别/2005 年 4 月第 1 版
版　　次/2005 年 4 月北京第 1 次印刷
书　　号/ISBN 7—5037—4609—2/F·2018
定　　价/180.00 元

《中国连锁餐饮企业统计年鉴—2005》

编辑委员会

编辑说明

一、《中国连锁餐饮企业统计年鉴—2005》是反映中国大型连锁餐饮企业全貌的资料性工具书。今年是出版的第二年。本书旨在通过大量、丰富、详实、具体和权威的统计数据，全面系统和多角度地反映中国连锁餐饮企业发育和发展的规模、水平，为各级经济和企业管理部门、科研机构与大专院校分析研究餐饮企业基本情况，进行宏观调控和科学决策，开展理论研究和教学工作，提供可靠资料；同时也为生产经营单位了解市场、获取商业信息提供服务和参考。

二、本年鉴分为六部分：第一部分，专文；第二部分，社会消费品零售总额；第三部分，限额以上连锁餐饮企业概况；第四部分，限额以上连锁餐饮企业配送中心数；第五部分，连锁餐饮企业门店情况；第六部分，连锁餐饮企业营业收入情况。为便于读者阅读，除统计数据资料的对比外，还增加了环渤海、长三角、珠三角三大地带的统计数据资料，并附有主要统计指标解释。

三、年鉴中限额以上连锁餐饮企业统计范围为2004年度年营业收入200万元及以上、年末从业人员40人及以上的企业。西藏自治区未进行调查。全国性数据均不包括台湾省、香港特别行政区和澳门特别行政区。

四、年鉴中的时期数据为2004年年度数据，时点数据为2004年年末数据。

目 录

第四部分 限额以上连锁餐饮企业配送中心数

一、省、自治区、直辖市

二、东中西部

三、六经济区

四、大中小城市

五、35城市

六、三大地带

第五部分 连锁餐饮企业门店情况

第六部分　连锁餐饮企业营业收入情况

第一部分 专 文

2004年连锁餐饮市场运行状况剖析

2004年，我国限额以上连锁餐饮业发展势头旺盛，这不仅表现在连锁餐饮企业数量增加，门店数和营业收入均快速增长，而且更突出地表现在连锁餐饮业整体的发展速度大大超过了全社会餐饮业的发展速度，成为引领餐饮消费市场的一大亮点。

一、连锁餐饮企业总体规模扩张迅速

2004年末，我国拥有限额以上连锁餐饮企业251家，比2003年末增加了15家，增长6.4%；连锁门店数达6968个，比2003年末增加800多个，比2002年末增加了2000多个，分别增长了13.7%和46.9%；由此营业收入达399.7亿元，分别比2003年和2002年增长了55.5%和99.5%。限额以上连锁餐饮业零售额占全社会餐饮业零售额的比重已由2002年的3.6%、2003年的4.1%增至2004年的5.3%。

限额以上连锁餐饮业不仅在整体规模上扩大，而且单体规模也在增大。2004年门店在10个以上的企业有105家，比2003年增加13家，比2002年增加21家。其中限额以上连锁餐饮业门店数超过100个的由2002年的6家、2003年的8家增至2004年的17家。这些企业2004年的营业收入已占限额以上连锁餐饮业营业收入的55.1%。门店数在50个至99个的有12家；15个至49个的有49家；10个至14个的有27家。

2004年营业收入在500万元以上的餐饮企业有216家，比2003年增加11家，比2002年增加21家。其中营业收入超过10亿元的限额以上连锁餐饮业由2002年、2003年的2家增至2004年的7家。仅这7家企业的营业收入就占限额以上连锁餐饮业的45.9%。营业收入1亿元至9.9亿元的企业有55家；5000万元至9999万元的有39家；1000万元至4999万元的有86家；500万元至999万元的有29家。

二、内资连锁餐饮企业增速下降，外资连锁餐饮企业增速上升

2004年内资连锁餐饮企业有174家，比上年增加10家，占限额以上连锁餐饮企业的69.3%，门店数达4577个，虽比上年增长8.8%，但比重比上年下降2.8个百分点；港澳台资企业有27家，与上年持平；外资企业有50家，比上年增加5家。港澳台资企业和外资企业门店数分别为569个和1822个，比上年增长27%和23.6%，占限额以上连锁餐饮业的8.2%和26.1%，比重分别比上年增加0.9和2个百分点。

2004年内资企业的营业收入为161.8亿元，比上年增长了29.4%，占限额以上连锁餐饮业的40.5%，比重比上年下降8.2个百分点；港澳台资和外资企业的营业收入分别为26.9亿元和211亿元，比上年增长23.9%和91.5%，占限额以上连锁餐饮业的6.7%和52.8%。港澳台资企业的营业收入所占比重比上年下降1.7个百分点，而外资企业的营业收入所占比重比上年增加了9.9个百分点。港澳台资和外资企业的营业收入已占限额以上连锁餐饮业的60%，超过内资企业近20个百分点。

私营企业、有限责任公司和国有企业是内资连锁餐饮企业的主体，在内资连锁餐饮企业门店中，私营企业、有限责任公司和国有企业所占比重较大，分别为44.7%、39.1%和13.6%，这三种登记注册类型的企业所拥有的门店数已占到内资企业的97.4%。由于私营企业、有限责任公司和国有企业门店数所占有的优势，营业收入也分别占内资连锁餐饮企业营业收入的47.4%、42.6%和6.4%，三项合计已达到了96.4%。从私营企业、有限责任公司和国有企业门店数的增速来看，分别为13.5%、3.3%和12.5%；营业收入的增速分别达34.2%、26.3%和19.7%。

三、连锁快餐业的发展速度超过了连锁正餐业

2004年限额以上连锁快餐业的发展速度很快：门店数由2002年的1659个、2003年的2277个，发展到2004年的2678个，2004年比2003年增长17.6%，比2002年增长61.4%，三年平均增速达27.1%，在限额以上连锁餐饮业中所占比重

分别为35%、37.2%和38.4%;营业收入由2002年的92.8亿元、2003年的130亿元,增至2004年的235.1亿元,2004年比2003年增长80.8%,比2002年增长1.5倍,三年平均增速达59.2%,在限额以上连锁餐饮业中所占比重分别为46.3%、50.6%和58.8%。

特别是外资连锁快餐企业的门店数和营业收入都在限额以上连锁餐饮业中占有绝对优势,门店数占61.3%,营业收入占84.6%,大大超过了内资企业。

连锁正餐业的门店数由2002年的2508个、2003年的2686个,发展到2004年的2789个,2004年比2003年增长3.8%,比2002年增长11.2%,三年平均增速仅为5.5%,在限额以上连锁餐饮业中所占比重由52.9%、43.8%降至40%;营业收入由2002年的101.4亿元、2003年的119.4亿元,增至2004年的154.6亿元,2004年比2003年增长29.5%,比2002年增长52.5%,三年平均增速仅为23.5%,比重由50.6%、46.5%降至38.7%。连锁正餐业的门店数在总量上虽高于连锁快餐业,但是其增速和在限额以上连锁餐饮业中所占的比重却低于连锁快餐业;营业收入除2002年略高于快餐业外,2003年、2004年均低于快餐业8.2%和34.2%。

四、连锁餐饮企业主要集中在东部地区和大城市

由于居民收入水平的不断提高和外出就餐的需求不断增加,特别是近年来在东部地区和一些大城市中,兼有美食、方便快捷与休闲环境多重功能的连锁餐饮业十分火爆,如快餐店(自助餐吧、怀旧吧、果吧、咖啡厅、西餐厅等)、家常菜馆、火锅店等。2004年东部地区有限额以上连锁餐饮业门店4524个,占限额以上整体连锁餐饮业的64.9%,比上年增长20.4%,超过限额以上整体连锁餐饮门店增速的6.7个百分点。营业收入为278.6亿元,占69.7%,比上年增长69.1%,超过限额以上整体连锁餐饮业营业收入增速的13.6个百分点。

35个城市有限额以上连锁餐饮业门店5065个,占72.7%,比上年增长11.2%。虽然增速上略低于整体连锁餐饮业,但营业收入达334.5亿元,比上年增长62.5%,超过限额以上整体连锁餐饮业营业收入增速的7个百分点。

据有关资料显示,2004年居民年均餐饮消费水平已达576元,同比增长22.7%。餐饮市场最为发达的广州市人均餐饮消费水平高达4143元,是全国平均水平的7倍以上;上海市人均餐饮消费水平为全国人均水平的3倍;天津、北京均为2倍以上。

五、直营连锁餐饮企业统一配送比重有所提高,加盟企业配送比重偏低

2004年直营连锁餐饮企业的统一配送比重达87.5%,比上年增加了5个百分点,其中连锁快餐业的统一配送比重达95.5%,连锁正餐业也有62%,分别增加了2.2和1个百分点。

而加盟连锁餐饮企业的统一配送比重仅有33.5%,其中,加盟连锁快餐业的统一配送比重为69%,低于上年7.7个百分点;正餐业为32.5%,虽比上年高0.6个百分点,但低于加盟连锁餐饮企业1个百分点。

连锁餐饮业总体规模发展快速的原因,归纳起来主要是:

首先,连锁经营有利于餐饮业实施品牌战略,加速企业扩张的步伐。中国加入WTO后,餐饮企业之间的竞争日趋国际化,不管企业是否走出去,这种日趋国际化的竞争也会日趋国内化。竞争的方式已不再是单纯的价格竞争,质量竞争,经营形式竞争和文化背景竞争,而是转向品牌竞争,因为在消费者心中,企业的牌子要重于商品的牌子,通过实施品牌效应,可以使餐饮业本身具有的多样性和地方性特征得以推广,达到树立企业形象,提高企业信誉,增强消费者认知度的目的。如麦当劳、肯德基、全聚德等就是依靠品牌优势,实现规模扩张,而做强做大。

第二,连锁经营有利于企业进行标准化、专业化的运做。随着人们收入水平的提高,营养健康的消费已成为时尚的追求,通过标准化、专业化的运做,可以达到食品配料的一致,为消费者提供质量、服务和卫生方面的保障。

第三,连锁餐饮业通过规模化经营,有利于信息技术的推广和应用。如利用自动化设备控制产品的生产加工过程,利用电子收银机来提高销售服务的准确率和速度,利用国际互联网进行远距离的信息传输,以及利用计算机帮助消费者进行营养分析并指导消费等。信息的应用不仅可以提高餐饮企业的管理和服务效率,减少劳动成本,还可以增强企业的竞争力。

但是,连锁餐饮业在发展中还存在着一些问题,主要表现在:

一是融资手段单一。目前，我国绝大部分餐饮企业的资金主要来自私营企业的投资，资金来源以自有资金为主，从银行得到的贷款有限。加之，大多数餐饮企业忽视资本的运营，盲目扩张，急于做大，管理支撑能力不足，导致后续发展无力。

二是由于规模的急剧扩张，虽然利润总额增加，但销售利润率却下降。2004 年限额以上餐饮企业利润总额虽同比增长 26%，其中正餐业增长 40.6%，快餐业增长 15.3%。但由于水、电、煤气及米、面、蔬菜等原料价格涨幅较大，提高了企业的经营成本，使企业的销售利润率下降 1.6 个百分点，在一些薄利企业表现就更为明显。

从内资企业与港澳台资企业和外资企业经济效益的比较看，2004 年内资企业人均劳效为 80718.2 元/人，分别低于港澳台资企业（115427.8 元/人）和外资企业（178846.3 元/人）30.1% 和 54.9%。

2004 年内资企业单位营业面积创造的营业收入仅为 6345.8 元/平方米，而港澳台资企业（15322.1 元/平方米）和外资企业（28507.4 元/平方米）分别是内资企业的 2.4 和 4.5 倍。

三是特色不突出。我国连锁餐饮业普遍存在着经营品种多而不精，难以形成优势和特色。而一些外资连锁餐饮企业虽然提供的品种不多，但市场定位准确，对消费者具有独特的吸引力。

未来连锁餐饮业发展要在深入研究、及时调整经营方式，以及产品和服务不断创新上下功夫，注重环保、绿色、营养和健康，以满足消费者对餐饮质量提升的需要。同时，还要积极培育自有品牌，塑造知名品牌，推进餐饮企业品牌战略已成为时代的要求，也是我国餐饮企业走向世界的必然选择。

（李敏/文）

第二部分　社会消费品零售总额

2—1 社会消费品零售总额变动情况

单位:亿元

指　　标	2004年	2003年	±%
社会消费品零售总额	53950.1	47602.1	13.3
一、按销售地区分			
市	35573.2	31005.4	14.7
县	6161.4	5478.3	12.5
县以下	12215.5	11118.4	9.9
二、按行业分			
批发零售贸易业	44839.9	39845.0	12.5
餐饮业	7486.0	6156.8	21.6
其他	1624.2	1600.3	1.5

注:表中数据为初步数,下同。

2—2 各地区社会消费品零售总额

（按销售单位所在地分）

单位:亿元

地区	2004年	2003年	±%
北京	2191.8	1916.7	14.4
天津	1052.7	922.3	14.1
河北	2522.9	2177.9	15.8
山西	884.8	729.3	21.3
内蒙古	892.0	726.8	22.7
辽宁	2642.8	2330.8	13.4
吉林	1252.6	1110.3	12.8
黑龙江	1555.4	1376.5	13.0
上海	2454.6	2220.6	10.5
江苏	4159.7	3566.5	16.6
浙江	3645.4	3157.1	15.5
安徽	1503.1	1331.2	12.9
福建	1995.8	1740.4	14.7
江西	1059.9	923.2	14.8
山东	4483.4	3936.5	13.9
河南	2808.2	2426.4	15.7
湖北	2667.5	2358.7	13.1
湖南	2069.8	1816.3	14.0
广东	6370.4	5606.0	13.6
广西	973.4	857.7	13.5
海南	220.2	191.6	14.9
重庆	955.0	835.5	14.3
四川	2384.0	2091.1	14.0
贵州	517.6	458.8	12.8
云南	884.9	782.5	13.1
西藏	63.7	58.3	9.3
陕西	966.5	853.2	13.3
甘肃	535.8	474.6	12.9
青海	115.6	102.7	12.6
宁夏	137.8	120.8	14.1
新疆	482.1	421.2	14.5

注:表中数据各项相加之和,不等于全国。

第三部分　限额以上连锁餐饮企业概况

3—1 限额以上连锁餐饮业集团数

(2004 年,按登记注册类型,业态分)

单位:个

登记注册类型	合 计	正 餐	快 餐	咖啡店	其他餐饮
合 计	**251**	**136**	**100**	**2**	**13**
内资企业	**174**	**122**	**41**	**1**	**10**
国有企业	11	6	3		2
集体企业	2	2			
股份合作企业	5	2	2		1
联营企业					
国有联营企业					
集体联营企业					
国有与集体联营企业					
其他联营企业					
有限责任公司	47	30	14		3
国有独资公司	1	1			
其他有限责任公司	45	29	14		2
股份有限公司	4	2	1		1
私营企业	104	79	21	1	3
私营独资企业	24	21	1	1	1
私营合伙企业	3	2	1		
私营有限责任公司	73	52	19		2
私营股份有限公司	4	4			
其他企业	1	1			
港澳台商投资企业	**27**	**9**	**15**		**3**
港澳台商合资经营企业	12	5	7		
港澳台商合作经营企业	4		3		1
港澳台商独资经营企业	10	4	4		2
港澳台商投资股份有限公司	1		1		
外商投资企业	**50**	**5**	**44**	**1**	
中外合资经营企业	14	3	11		
中外合作经营企业	12	2	9	1	
外资企业	22		22		
外商投资股份有限公司	2		2		

3－2 限额以上连锁餐饮业集团构成

（2004年，按登记注册类型，业态分）

单位：%

登记注册类型	合计	正餐	快餐	咖啡店	其他餐饮
合计	100.0	100.0	100.0	100.0	100.0
内资企业	69.3	89.7	41.0	50.0	76.9
国有企业	4.4	4.4	3.0		15.4
集体企业	0.8	1.5			
股份合作企业	2.0	1.5	2.0		7.7
联营企业					
国有联营企业					
集体联营企业					
国有与集体联营企业					
其他联营企业					
有限责任公司	18.7	22.1	14.0		23.1
国有独资公司	0.4	0.7			
其他有限责任公司	17.9	21.3	14.0		15.4
股份有限公司	1.6	1.5	1.0		7.7
私营企业	41.4	58.1	21.0	50.0	23.1
私营独资企业	9.6	15.4	1.0	50.0	7.7
私营合伙企业	1.2	1.5	1.0		
私营有限责任公司	29.1	38.2	19.0		15.4
私营股份有限公司	1.6	2.9			
其他企业	0.4	0.7			
港澳台商投资企业	10.8	6.6	15.0		23.1
港澳台商合资经营企业	4.8	3.7	7.0		
港澳台商合作经营企业	1.6		3.0		7.7
港澳台商独资经营企业	4.0	2.9	4.0		15.4
港澳台商投资股份有限公司	0.4		1.0		
外商投资企业	19.9	3.7	44.0	50.0	
中外合资经营企业	5.6	2.2	11.0		
中外合作经营企业	4.8	1.5	9.0	50.0	
外资企业	8.8		22.0		
外商投资股份有限公司	0.8		2.0		

3—3 限额以上连锁餐饮企业基本情况

指　　标	计量单位	合　计			直营店			加盟店		
		2004 年	2003 年	±%	2004 年	2003 年	±%	2004 年	2003 年	±%
一、门店总数	个	6968	6127	13.7	4359	3735	16.7	2609	2392	9.1
二、营业面积	平方米	3465846	3045955	13.8	2029653	1798667	12.8	1436193	1247288	15.1
三、从业人员	人	341761	305491	11.9	218708	192374	13.7	123053	113117	8.8
四、营业收入	万元	3997191	2569981	55.5	3050190	1917627	59.1	947001	652354	45.2
五、零售额	万元	3965040	2552373	55.3	3025697	1906634	58.7	939343	645739	45.5
六、统一配送比重	%	79.9	75.0	87.5		82.5		33.5	33.0	
1. 自有配送中心配送比重	%	63.1	54.2		71.1	60.3		20.3	20.6	
2. 非自有配送中心配送比重	%	16.8	20.8		16.4	22.3		13.2	12.4	
七、利润总额	万元	247166	196219	26.0	247166	196219	26.0			
八、资产总额	万元	1387321	1205950	15.0	1387321	1205950	15.0			
九、负债总额	万元	826215	678483	21.8	826215	678483	21.8			
十、配送中心数	个	220	218	0.9	163	161	1.2	57	57	

3—4 限额以上连锁餐饮企业情况

（按业态分）

指标	计量单位	合计			直营店			加盟店		
		2004年	2003年	±%	2004年	2003年	±%	2004年	2003年	±%
一、门店总数	**个**	**6968**	**6127**	**13.7**	**4359**	**3735**	**16.7**	**2609**	**2392**	**9.1**
正餐	个	2789	2686	3.8	930	865	7.5	1859	1821	2.1
快餐	个	2678	2277	17.6	2467	2140	15.3	211	137	54.0
咖啡店	个	84	71	18.3	73	63	15.9	11	8	37.5
其他餐饮	个	1417	1093	29.6	889	667	33.3	528	426	23.9
二、营业面积	**平方米**	**3465846**	**3045955**	**13.8**	**2029653**	**1798667**	**12.8**	**1436193**	**1247288**	**15.1**
正餐	平方米	2397799	2140225	12.0	1047867	952254	10.0	1349932	1187971	13.6
快餐	平方米	1006595	853250	18.0	937804	805966	16.4	68791	47284	45.5
咖啡店	平方米	30177	24472	23.3	18477	17262	7.0	11700	7210	62.3
其他餐饮	平方米	31275	28008	11.7	25505	23185	10.0	5770	4823	19.6
三、从业人员	**人**	**341761**	**305491**	**11.9**	**218708**	**192374**	**13.7**	**123053**	**113117**	**8.8**
正餐	人	190543	182812	4.2	74682	75137	—0.6	115861	107675	7.6
快餐	人	145103	117239	23.8	139705	113425	23.2	5398	3814	41.5
咖啡店	人	2212	2085	6.1	1652	1525	8.3	560	560	
其他餐饮	人	3903	3355	16.3	2669	2287	16.7	1234	1068	15.5
四、营业收入	**万元**	**3997191**	**2569981**	**55.5**	**3050190**	**1917627**	**59.1**	**947001**	**652354**	**45.2**
正餐	万元	1546256	1193908	29.5	681520	605008	12.6	864737	588900	46.8
快餐	万元	2351098	1298334	81.1	2307396	1267222	82.1	43701	31111	40.5
咖啡店	万元	38107	31904	19.4	16604	13779	20.5	21503	18125	18.6
其他餐饮	万元	61730	45836	34.7	44670	31618	41.3	17060	14218	20.0
五、零售额	**万元**	**3965040**	**2552373**	**55.3**	**3025697**	**1906634**	**58.7**	**939343**	**645739**	**45.5**
正餐	万元	1527293	1186192	28.8	664741	599240	10.9	862552	586951	47.0
快餐	万元	2348857	1296304	81.2	2305194	1265193	82.2	43663	31111	40.3
咖啡店	万元	38107	31904	19.4	16604	13779	20.5	21503	18125	18.6
其他餐饮	万元	50783	37973	33.7	39157	28422	37.8	11626	9552	21.7
六、统一配送比重	%	**79.9**	**75.0**		**87.5**	**82.5**		**33.5**	**33.0**	
正餐	%	57.6	56.4		62.0	61.0		32.5	31.9	
快餐	%	95.3	93.2		95.5	93.3		69.0	76.7	
咖啡店	%	14.2	14.9		6.7	8.2		20.0	20.0	
其他餐饮	%	91.0	87.9		96.4	94.6		10.2	1.6	

3—4 续表

指　标	计量单位	合计 2004年	合计 2003年	合计 ±%	直营店 2004年	直营店 2003年	直营店 ±%	加盟店 2004年	加盟店 2003年	加盟店 ±%
1. 自有配送中心配送比重	%	63.1	54.2		71.1	60.3		20.3	20.6	
正　餐	%	41.2	40.9		47.1	45.9		19.8	20.4	
快　餐	%	77.6	66.3		78.2	66.8		33.9	34.3	
咖啡店	%	14.2	14.9		6.7	8.2		20.0	20.0	
其他餐饮	%	89.2	87.7		94.0	94.3		9.9	1.4	
2. 非自有配送中心配送比重	%	16.8	20.8		16.4	22.3		13.2	12.4	
正　餐	%	16.4	15.5		14.9	15.1		12.7	11.5	
快　餐	%	17.6	26.9		17.3	26.5		35.1	42.4	
咖啡店	%									
其他餐饮	%	1.8	0.2		2.4	0.3		0.3	0.2	
七、利润总额	**万元**	**247166**	**196219**	**26.0**	**247166**	**196219**	**26.0**			
正　餐	万元	111073	78984	40.6	111073	78984	40.6			
快　餐	万元	132874	115229	15.3	132874	115229	15.3			
咖啡店	万元	635	153	315.0	635	153	315.0			
其他餐饮	万元	2584	1854	39.4	2584	1854	39.4			
八、资产总额	**万元**	**1387321**	**1205950**	**15.0**	**1387321**	**1205950**	**15.0**			
正　餐	万元	556050	470586	18.2	556050	470586	18.2			
快　餐	万元	772418	691549	11.7	772418	691549	11.7			
咖啡店	万元	9758	7800	25.1	9758	7800	25.1			
其他餐饮	万元	49096	36015	36.3	49096	36015	36.3			
九、负债总额	**万元**	**826215**	**678483**	**21.8**	**826215**	**678483**	**21.8**			
正　餐	万元	343235	254620	34.8	343235	254620	34.8			
快　餐	万元	446530	398150	12.2	446530	398150	12.2			
咖啡店	万元	4806	4300	11.8	4806	4300	11.8			
其他餐饮	万元	31644	21413	47.8	31644	21413	47.8			
十、配送中心数	**个**	**220**	**218**	**0.9**	**163**	**161**	**1.2**	**57**	**57**	
正　餐	个	106	106		75	75		31	31	
快　餐	个	99	98	1.0	74	73	1.4	25	25	
咖啡店	个	1	1		1	1				
其他餐饮	个	14	13	7.7	13	12	8.3	1	1	

3—5 限额以上连锁餐饮企业情况

（按登记注册类型分）

登记注册类型	门店总数(个)			营业面积(平方米)			从业人员(人)		
	2004年	2003年	±%	2004年	2003年	±%	2004年	2003年	±%
合　计	**6968**	**6127**	**13.7**	**3465846**	**3045955**	**13.8**	**341761**	**305491**	**11.9**
内资企业	**4577**	**4205**	**8.8**	**2550216**	**2291836**	**11.3**	**200490**	**194646**	**3.0**
国有企业	623	554	12.5	103198	96580	6.9	6614	6531	1.3
集体企业	18	16	12.5	17620	12800	37.7	806	698	15.5
股份合作企业	49	53	—7.5	23207	25538	—9.1	2818	3013	—6.5
联营企业									
国有联营企业									
集体联营企业									
国有与集体联营企业									
其他联营企业									
有限责任公司	1791	1734	3.3	683905	718227	—4.8	80237	83597	—4.0
国有独资公司	45	45		77086	55564	38.7	6341	5041	25.8
其他有限责任公司	1739	1682	3.4	606378	661789	—8.4	73843	78503	—5.9
股份有限公司	37	32	15.6	30211	21941	37.7	1115	808	38.0
私营企业	2050	1806	13.5	1687575	1411750	19.5	108151	99170	9.1
私营独资企业	269	292	—7.9	239516	222869	7.5	16077	24845	—35.3
私营合伙企业	12	13	—7.7	10000	7800	28.2	1005	970	3.6
私营有限责任公司	1758	1490	18.0	1413859	1156881	22.2	89858	72087	24.7
私营股份有限公司	11	11		24200	24200		1211	1268	—4.5
其他企业	9	10	—10.0	4500	5000	—10.0	749	829	—9.7
港澳台商投资企业	**569**	**448**	**27.0**	**175461**	**143877**	**22.0**	**23291**	**18950**	**22.9**
港澳台商合资经营企业	239	190	25.8	102461	84106	21.8	14776	11805	25.2
港澳台商合作经营企业	103	58	77.6	14098	13255	6.4	1059	1074	—1.4
港澳台商独资经营企业	225	198	13.6	58052	45666	27.1	7364	6014	22.4
港澳台商投资股份有限公司	2	2		850	850		92	57	61.4
外商投资企业	**1822**	**1474**	**23.6**	**740169**	**610242**	**21.3**	**117980**	**91895**	**28.4**
中外合资经营企业	689	554	24.4	286093	228941	25.0	47427	35196	34.8
中外合作经营企业	439	344	27.6	150437	124676	20.7	26998	19908	35.6
外资企业	665	554	20.0	294188	249291	18.0	43286	36522	18.5
外商投资股份有限公司	29	22	31.8	9451	7334	28.9	269	269	

3—5 续表1

登记注册类型	营业收入(万元)			#零售额(万元)			利润总额(万元)		
	2004年	2003年	±%	2004年	2003年	±%	2004年	2003年	±%
合　计	**3997191**	**2569981**	**55.5**	**3965040**	**2552373**	**55.3**	**247166**	**196219**	**26.0**
内资企业	**1618320**	**1251116**	**29.4**	**1587115**	**1234311**	**28.6**	**105013**	**70796**	**48.3**
国有企业	104080	86977	19.7	90826	76582	18.6	4408	3018	46.1
集体企业	4756	4109	15.7	4756	4109	15.7	348	306	13.7
股份合作企业	28578	26187	9.1	28578	26187	9.1	214	239	—10.5
联营企业									
国有联营企业									
集体联营企业									
国有与集体联营企业									
其他联营企业									
有限责任公司	688962	545429	26.3	677004	543681	24.5	77395	49120	57.6
国有独资公司	75129	50760	48.0	65077	50760	28.2	4713	2067	128.0
其他有限责任公司	613627	494421	24.1	611720	492673	24.2	72690	47077	54.4
股份有限公司	21713	14774	47.0	21614	14696	47.1	2116	1343	57.6
私营企业	766779	571236	34.2	764337	569056	34.3	20566	16796	22.4
私营独资企业	96203	102538	—6.2	96203	102538	—6.2	750	1002	—25.1
私营合伙企业	7591	6236	21.7	7591	6236	21.7	109	—223	
私营有限责任公司	651961	452777	44.0	649875	450711	44.2	19737	16095	22.6
私营股份有限公司	11024	9685	13.8	10668	9571	11.5	—29	—78	
其他企业	3452	2404	43.6				—35	—25	
港澳台商投资企业	**268843**	**216950**	**23.9**	**268238**	**216285**	**24.0**	**17990**	**14412**	**24.8**
港澳台商合资经营企业	189237	152250	24.3	188632	151585	24.4	18238	15624	16.7
港澳台商合作经营企业	23100	18650	23.9	23100	18650	23.9	90	—388	
港澳台商独资经营企业	55562	45199	22.9	55562	45199	22.9	—340	—774	
港澳台商投资股份有限公司	945	851	11.0	945	851	11.0	1	—50	
外商投资企业	**2110029**	**1101915**	**91.5**	**2109687**	**1101777**	**91.5**	**124164**	**111011**	**11.8**
中外合资经营企业	620410	494532	25.5	620068	494394	25.4	62688	63322	—1.0
中外合作经营企业	998801	186117	436.7	998801	186117	436.7	17214	12900	33.4
外资企业	472860	408332	15.8	472860	408332	15.8	42027	32399	29.7
外商投资股份有限公司	179579	129352	38.8	179579	129352	38.8	22344	23914	—6.6

注:利润总额±%空缺项为由盈转亏或由亏转盈,下同。

3—5 续表2

登记注册类型	资产总额(万元)			负债总额(万元)		
	2004年	2003年	±%	2004年	2003年	±%
合　计	**1387321**	**1205950**	**15.0**	**826215**	**678483**	**21.8**
内资企业	**619040**	**503089**	**23.0**	**382796**	**279498**	**37.0**
国有企业	107839	102878	4.8	62279	61377	1.5
集体企业	3432	2320	47.9	2668	1666	60.1
股份合作企业	10951	7661	42.9	5718	2880	98.5
联营企业						
国有联营企业						
集体联营企业						
国有与集体联营企业						
其他联营企业						
有限责任公司	172241	153892	11.9	104172	89006	17.0
国有独资公司	36289	44407	—18.3	17663	16206	9.0
其他有限责任公司	135681	109392	24.0	86237	72714	18.6
股份有限公司	32863	23087	42.3	21598	12410	74.0
私营企业	291377	213017	36.8	186318	112130	66.2
私营独资企业	40697	28166	44.5	24032	13985	71.8
私营合伙企业	2253	1748	28.9	1232	1131	8.9
私营有限责任公司	247282	181069	36.6	159082	95091	67.3
私营股份有限公司	1146	2034	—43.7	1973	1922	2.7
其他企业	338	235	43.8	43	30	43.3
港澳台商投资企业	**101540**	**98716**	**2.9**	**67994**	**66935**	**1.6**
港澳台商合资经营企业	44802	39959	12.1	25571	21693	17.9
港澳台商合作经营企业	14202	13687	3.8	12207	12968	—5.9
港澳台商独资经营企业	41591	44240	—6.0	29525	31722	—6.9
港澳台商投资股份有限公司	945	831	13.7	691	553	25.0
外商投资企业	**666741**	**604145**	**10.4**	**375426**	**332050**	**13.1**
中外合资经营企业	262991	242633	8.4	137718	131627	4.6
中外合作经营企业	125386	111508	12.4	73147	59320	23.3
外资企业	269874	243457	10.9	161792	139287	16.2
外商投资股份有限公司	84900	65466	29.7	27689	18166	52.4

3—6 限额以上连锁正餐业情况

（按登记注册类型分）

登记注册类型	门店总数（个）			营业面积（平方米）			从业人员（人）		
	2004年	2003年	±%	2004年	2003年	±%	2004年	2003年	±%
合　计	**2789**	**2686**	**3.8**	**2397799**	**2140225**	**12.0**	**190543**	**182812**	**4.2**
内资企业	**2603**	**2543**	**2.4**	**2308102**	**2072740**	**11.4**	**178390**	**172732**	**3.3**
国有企业	79	65	21.5	76609	72965	5.0	4289	4307	−0.4
集体企业	18	16	12.5	17620	12800	37.7	806	698	15.5
股份合作企业	4	4		4166	4166		698	690	1.2
联营企业									
国有联营企业									
集体联营企业									
国有与集体联营企业									
其他联营企业									
有限责任公司	1049	1107	−5.2	591471	630182	−6.1	71441	73695	−3.1
国有独资公司	45	45		77086	55564	38.7	6341	5041	25.8
其他有限责任公司	1004	1062	−5.5	514385	574618	−10.5	65100	68654	−5.2
股份有限公司	9	8	12.5	21426	16666	28.6	508	513	−1.0
私营企业	1435	1333	7.7	1592310	1330961	19.6	99899	92000	8.6
私营独资企业	223	252	−11.5	216457	204690	5.7	14448	23254	−37.9
私营合伙企业	4	4		7500	5100	47.1	704	690	2.0
私营有限责任公司	1197	1066	12.3	1344153	1096971	22.5	83536	66788	25.1
私营股份有限公司	11	11		24200	24200		1211	1268	−4.5
其他企业	9	10	−10.0	4500	5000	−10.0	749	829	−9.7
港澳台商投资企业	**57**	**48**	**18.8**	**32814**	**25368**	**29.4**	**2549**	**2364**	**7.8**
港澳台商合资经营企业	14	14		20523	17683	16.1	870	913	−4.7
港澳台商合作经营企业									
港澳台商独资经营企业	43	34	26.5	12291	7685	59.9	1679	1451	15.7
港澳台商投资股份有限公司									
外商投资企业	**129**	**95**	**35.8**	**56883**	**42117**	**35.1**	**9604**	**7716**	**24.5**
中外合资经营企业	10	10		5166	5166		708	775	−8.6
中外合作经营企业	119	85	40.0	51717	36951	40.0	8896	6941	28.2
外资企业									
外商投资股份有限公司									

3—6 续表1

登记注册类型	营业收入(万元)			#零售额(万元)			利润总额(万元)		
	2004年	2003年	±%	2004年	2003年	±%	2004年	2003年	±%
合　计	**1546256**	**1193908**	**29.5**	**1527293**	**1186192**	**28.8**	**111073**	**78984**	**40.6**
内资企业	**1399239**	**1076717**	**30.0**	**1380735**	**1069438**	**29.1**	**97894**	**65933**	**48.5**
国有企业	63909	54414	17.4	61603	51881	18.7	2761	1640	68.4
集体企业	4756	4109	15.7	4756	4109	15.7	348	306	13.7
股份合作企业	10449	9746	7.2	10449	9746	7.2	36	35	2.9
联营企业									
国有联营企业									
集体联营企业									
国有与集体联营企业									
其他联营企业									
有限责任公司	619462	491905	25.9	609256	491820	23.9	74653	47893	55.9
国有独资公司	75129	50760	48.0	65077	50760	28.2	4713	2067	128.0
其他有限责任公司	544333	441145	23.4	544179	441061	23.4	69940	45827	52.6
股份有限公司	7288	4704	54.9	7189	4626	55.4	903	414	118.1
私营企业	689923	509435	35.4	687482	507255	35.5	19229	15669	22.7
私营独资企业	68287	78097	—12.6	68287	78097	—12.6	654	946	—30.9
私营合伙企业	6943	5581	24.4	6943	5581	24.4	49	—303	
私营有限责任公司	603669	416072	45.1	601584	414006	45.3	18555	15104	22.8
私营股份有限公司	11024	9685	13.8	10668	9571	11.5	—29	—78	
其他企业	3452	2404	43.6				—35	—25	
港澳台商投资企业	**36619**	**30217**	**21.2**	**36356**	**29918**	**21.5**	**647**	**790**	**—18.1**
港澳台商合资经营企业	28632	23477	22.0	28369	23178	22.4	651	818	—20.4
港澳台商合作经营企业									
港澳台商独资经营企业	7987	6740	18.5	7987	6740	18.5	—5	—28	
港澳台商投资股份有限公司									
外商投资企业	**110398**	**86973**	**26.9**	**110202**	**86835**	**26.9**	**12531**	**12262**	**2.2**
中外合资经营企业	9857	9141	7.8	9661	9003	7.3	1699	1229	38.2
中外合作经营企业	100541	77833	29.2	100541	77833	29.2	10833	11032	—1.8
外资企业									
外商投资股份有限公司									

3—6 续表2

登记注册类型	资产总额(万元)			负债总额(万元)		
	2004年	2003年	±%	2004年	2003年	±%
合　计	**556050**	**470586**	**18.2**	**343235**	**254620**	**34.8**
内资企业	**485860**	**409475**	**18.7**	**306148**	**226950**	**34.9**
国有企业	83319	81269	2.5	50755	51031	—0.5
集体企业	3432	2320	47.9	2668	1666	60.1
股份合作企业	531	416	27.6	214	218	—1.8
联营企业						
国有联营企业						
集体联营企业						
国有与集体联营企业						
其他联营企业						
有限责任公司	124782	125400	—0.5	76828	70756	8.6
国有独资公司	36289	44407	—18.3	17663	16206	9.0
其他有限责任公司	88493	80993	9.3	59164	54551	8.5
股份有限公司	8853	8343	6.1	2938	1875	56.7
私营企业	264606	191492	38.2	172702	101374	70.4
私营独资企业	36520	26154	39.6	22544	13292	69.6
私营合伙企业	2013	1511	33.2	1232	1131	8.9
私营有限责任公司	224927	161793	39.0	146953	85029	72.8
私营股份有限公司	1146	2034	—43.7	1973	1922	2.7
其他企业	338	235	43.8	43	30	43.3
港澳台商投资企业	**26811**	**26295**	**2.0**	**14863**	**14602**	**1.8**
港澳台商合资经营企业	24046	24358	—1.3	12330	12634	—2.4
港澳台商合作经营企业						
港澳台商独资经营企业	2765	1937	42.7	2533	1969	28.6
港澳台商投资股份有限公司						
外商投资企业	**43379**	**34816**	**24.6**	**22224**	**13068**	**70.1**
中外合资经营企业	6605	6809	—3.0	1653	1300	27.2
中外合作经营企业	36773	28008	31.3	20572	11768	74.8
外资企业						
外商投资股份有限公司						

3—7 限额以上连锁快餐业情况

（按登记注册类型分）

登记注册类型	门店总数（个）			营业面积（平方米）			从业人员（人）		
	2004年	2003年	±%	2004年	2003年	±%	2004年	2003年	±%
合　计	**2678**	**2277**	**17.6**	**1006595**	**853250**	**18.0**	**145103**	**117239**	**23.8**
内资企业	**645**	**625**	**3.2**	**192610**	**178289**	**8.0**	**17078**	**17404**	**−1.9**
国有企业	38	33	15.2	11539	9452	22.1	570	543	5.0
集体企业									
股份合作企业	37	41	−9.8	18597	21052	−11.7	2030	2193	−7.4
联营企业									
国有联营企业									
集体联营企业									
国有与集体联营企业									
其他联营企业									
有限责任公司	303	320	−5.3	90542	86511	4.7	8241	9479	−13.1
国有独资公司									
其他有限责任公司	303	320	−5.3	90542	86511	4.7	8241	9479	−13.1
股份有限公司	10	7	42.9	1785	775	130.3	230	145	58.6
私营企业	257	224	14.7	70147	60499	15.9	6007	5044	19.1
私营独资企业	4	3	33.3	929	839	10.7	61	41	48.8
私营合伙企业	8	9	−11.1	2500	2700	−7.4	301	280	7.5
私营有限责任公司	245	212	15.6	66718	56960	17.1	5645	4723	19.5
私营股份有限公司									
其他企业									
港澳台商投资企业	**392**	**317**	**23.7**	**139046**	**114268**	**21.7**	**20333**	**16231**	**25.3**
港澳台商合资经营企业	225	176	27.8	81938	66423	23.4	13906	10892	27.7
港澳台商合作经营企业	30	29	3.4	13387	12534	6.8	815	921	−11.5
港澳台商独资经营企业	135	110	22.7	42871	34461	24.4	5520	4361	26.6
港澳台商投资股份有限公司	2	2		850	850		92	57	61.4
外商投资企业	**1641**	**1335**	**22.9**	**674939**	**560693**	**20.4**	**107692**	**83604**	**28.8**
中外合资经营企业	679	544	24.8	280927	223775	25.5	46719	34421	35.7
中外合作经营企业	268	215	24.7	90373	80293	12.6	17418	12392	40.6
外资企业	665	554	20.0	294188	249291	18.0	43286	36522	18.5
外商投资股份有限公司	29	22	31.8	9451	7334	28.9	269	269	

3—7 续表1

登记注册类型	营业收入(万元)			#零售额(万元)			利润总额(万元)		
	2004年	2003年	±%	2004年	2003年	±%	2004年	2003年	±%
合　计	**2351098**	**1298334**	**81.1**	**2348857**	**1296304**	**81.2**	**132874**	**115229**	**15.3**
内资企业	**136604**	**108527**	**25.9**	**134852**	**106863**	**26.2**	**4414**	**2778**	**58.9**
国有企业	5432	3951	37.5	5432	3951	37.5	176	164	7.3
集体企业									
股份合作企业	17761	16097	10.3	17761	16097	10.3	139	188	−26.1
联营企业									
国有联营企业									
集体联营企业									
国有与集体联营企业									
其他联营企业									
有限责任公司	62665	49060	27.7	60912	47396	28.5	2662	1159	129.7
国有独资公司									
其他有限责任公司	62665	49060	27.7	60912	47396	28.5	2662	1159	129.7
股份有限公司	4968	3327	49.3	4968	3327	49.3	460	257	79.0
私营企业	45779	36092	26.8	45779	36092	26.8	976	1011	−3.5
私营独资企业	683	498	37.1	683	498	37.1	7	3	133.3
私营合伙企业	648	655	−1.1	648	655	−1.1	60	80	−25.0
私营有限责任公司	44449	34939	27.2	44449	34939	27.2	909	928	−2.0
私营股份有限公司									
其他企业									
港澳台商投资企业	**225898**	**182967**	**23.5**	**225556**	**182601**	**23.5**	**17395**	**13822**	**25.9**
港澳台商合资经营企业	160605	128773	24.7	160263	128407	24.8	17587	14806	18.8
港澳台商合作经营企业	17691	15905	11.2	17691	15905	11.2	145	−183	
港澳台商独资经营企业	46658	37438	24.6	46658	37438	24.6	−338	−752	
港澳台商投资股份有限公司	945	851	11.0	945	851	11.0	1	−50	
外商投资企业	**1988596**	**1006840**	**97.5**	**1988450**	**1006840**	**97.5**	**111066**	**98629**	**12.6**
中外合资经营企业	610553	485391	25.8	610407	485391	25.8	60989	62092	−1.8
中外合作经营企业	887225	100182	785.6	887225	100182	785.6	5815	1747	232.9
外资企业	472860	408332	15.8	472860	408332	15.8	42027	32399	29.7
外商投资股份有限公司	179579	129352	38.8	179579	129352	38.8	22344	23914	−6.6

3—7 续表 2

登记注册类型	资产总额(万元)			负债总额(万元)		
	2004 年	2003 年	±%	2004 年	2003 年	±%
合　计	**772418**	**691549**	**11.7**	**446530**	**398150**	**12.2**
内资企业	**83755**	**58498**	**43.2**	**46112**	**32156**	**43.4**
国有企业	3175	3129	1.5	991	981	1.0
集体企业						
股份合作企业	9994	6923	44.4	5317	2519	111.1
联营企业						
国有联营企业						
集体联营企业						
国有与集体联营企业						
其他联营企业						
有限责任公司	45712	27767	64.6	25623	17656	45.1
国有独资公司						
其他有限责任公司	45712	27767	64.6	25623	17656	45.1
股份有限公司	1820	1397	30.3	1344	1093	23.0
私营企业	23054	19282	19.6	12838	9907	29.6
私营独资企业	884	115	668.7	823	46	1689.1
私营合伙企业	240	237	1.3			
私营有限责任公司	21930	18930	15.8	12015	9861	21.8
私营股份有限公司						
其他企业						
港澳台商投资企业	**71794**	**69655**	**3.1**	**51362**	**50693**	**1.3**
港澳台商合资经营企业	20756	15601	33.0	13242	9059	46.2
港澳台商合作经营企业	11506	11165	3.1	10496	11387	−7.8
港澳台商独资经营企业	38587	42059	−8.3	26933	29695	−9.3
港澳台商投资股份有限公司	945	831	13.7	691	553	25.0
外商投资企业	**616869**	**563396**	**9.5**	**349057**	**315301**	**10.7**
中外合资经营企业	256385	235825	8.7	136066	130327	4.4
中外合作经营企业	82119	77568	5.9	48430	43870	10.4
外资企业	269874	243457	10.9	161792	139287	16.2
外商投资股份有限公司	84900	65466	29.7	27689	18166	52.4

3—8 限额以上直营连锁餐饮企业情况

（按登记注册类型分）

登记注册类型	门店总数(个)			营业面积(平方米)			从业人员(人)		
	2004年	2003年	±%	2004年	2003年	±%	2004年	2003年	±%
合　计	**4359**	**3735**	**16.7**	**2029653**	**1798667**	**12.8**	**218708**	**192374**	**13.7**
内资企业	**2180**	**1914**	**13.9**	**1165907**	**1072884**	**8.7**	**81729**	**84188**	**−2.9**
国有企业	125	117	6.8	96870	91147	6.3	5305	5429	−2.3
集体企业	14	14		17020	12500	36.2	756	678	11.5
股份合作企业	24	26	−7.7	5534	6010	−7.9	769	869	−11.5
联营企业									
国有联营企业									
集体联营企业									
国有与集体联营企业									
其他联营企业									
有限责任公司	975	845	15.4	261436	237827	9.9	25185	28101	−10.4
国有独资公司	5	7	−28.6	20658	10061	105.3	2081	1730	20.3
其他有限责任公司	963	831	15.9	240337	226892	5.9	23051	26318	−12.4
股份有限公司	37	32	15.6	30211	21941	37.7	1115	808	38.0
私营企业	1002	877	14.3	753336	701959	7.3	48352	48052	0.6
私营独资企业	93	86	8.1	124126	93039	33.4	7498	6877	9.0
私营合伙企业	11	12	−8.3	7000	4800	45.8	830	792	4.8
私营有限责任公司	888	769	15.5	603010	584920	3.1	38993	39295	−0.8
私营股份有限公司	10	10		19200	19200		1031	1088	−5.2
其他企业	3	3		1500	1500		247	251	−1.6
港澳台商投资企业	**433**	**385**	**12.5**	**151374**	**128090**	**18.2**	**21053**	**17220**	**22.3**
港澳台商合资经营企业	236	189	24.9	101761	83726	21.5	14696	11775	24.8
港澳台商合作经营企业	54	58	−6.9	13976	13255	5.4	1007	1074	−6.2
港澳台商独资经营企业	141	136	3.7	34787	30259	15.0	5258	4314	21.9
港澳台商投资股份有限公司	2	2		850	850		92	57	61.4
外商投资企业	**1746**	**1436**	**21.6**	**712372**	**597693**	**19.2**	**115926**	**90966**	**27.4**
中外合资经营企业	661	550	20.2	273177	227041	20.3	46615	35092	32.8
中外合作经营企业	438	344	27.3	150277	124676	20.5	26958	19908	35.4
外资企业	621	522	19.0	280067	239000	17.2	42129	35726	17.9
外商投资股份有限公司	26	20	30.0	8851	6976	26.9	224	240	−6.7

3—8 续表1

登记注册类型	营业收入(万元)			#零售额(万元)			利润总额(万元)		
	2004年	2003年	±%	2004年	2003年	±%	2004年	2003年	±%
合　计	**3050190**	**1917627**	**59.1**	**3025697**	**1906634**	**58.7**	**247166**	**196219**	**26.0**
内资企业	**704465**	**621068**	**13.4**	**680918**	**610878**	**11.5**	**105013**	**70796**	**48.3**
国有企业	88275	72853	21.2	80457	67124	19.9	4408	3018	46.1
集体企业	4666	4089	14.1	4666	4089	14.1	348	306	13.7
股份合作企业	5129	5064	1.3	5129	5064	1.3	214	239	—10.5
联营企业									
国有联营企业									
集体联营企业									
国有与集体联营企业									
其他联营企业									
有限责任公司	232879	223570	4.2	220959	221822	—0.4	77395	49120	57.6
国有独资公司	45975	27688	66.0	35923	27688	29.7	4713	2067	128.0
其他有限责任公司	186697	195633	—4.6	184829	193885	—4.7	72690	47077	54.4
股份有限公司	21713	14774	47.0	21614	14696	47.1	2116	1343	57.6
私营企业	350536	300263	16.7	348094	298083	16.8	20566	16796	22.4
私营独资企业	45542	40689	11.9	45542	40689	11.9	750	1002	—25.1
私营合伙企业	6004	4861	23.5	6004	4861	23.5	109	—223	
私营有限责任公司	288815	246584	17.1	286729	244518	17.3	19737	16095	22.6
私营股份有限公司	10175	8129	25.2	9819	8015	22.5	—29	—78	
其他企业	1267	456	177.9				—35	—25	
港澳台商投资企业	**247882**	**202682**	**22.3**	**247277**	**202017**	**22.4**	**17990**	**14412**	**24.8**
港澳台商合资经营企业	188868	152222	24.1	188263	151557	24.2	18238	15624	16.7
港澳台商合作经营企业	21558	18650	15.6	21558	18650	15.6	90	—388	
港澳台商独资经营企业	36512	30960	17.9	36512	30960	17.9	—340	—774	
港澳台商投资股份有限公司	945	851	11.0	945	851	11.0	1	—50	
外商投资企业	**2097844**	**1093877**	**91.8**	**2097502**	**1093739**	**91.8**	**124164**	**111011**	**11.8**
中外合资经营企业	615900	492407	25.1	615558	492269	25.0	62688	63322	—1.0
中外合作经营企业	998773	186117	436.6	998773	186117	436.6	17214	12900	33.4
外资企业	465394	402444	15.6	465394	402444	15.6	42027	32399	29.7
外商投资股份有限公司	177768	129096	37.7	177768	129096	37.7	22344	23914	—6.6

3—8 续表2

登记注册类型	资产总额(万元)			负债总额(万元)		
	2004年	2003年	±%	2004年	2003年	±%
合　计	**1387321**	**1205950**	**15.0**	**826215**	**678483**	**21.8**
内资企业	**619040**	**503089**	**23.0**	**382796**	**279498**	**37.0**
国有企业	107839	102878	4.8	62279	61377	1.5
集体企业	3432	2320	47.9	2668	1666	60.1
股份合作企业	10951	7661	42.9	5718	2880	98.5
联营企业						
国有联营企业						
集体联营企业						
国有与集体联营企业						
其他联营企业						
有限责任公司	172241	153892	11.9	104172	89006	17.0
国有独资公司	36289	44407	—18.3	17663	16206	9.0
其他有限责任公司	135681	109392	24.0	86237	72714	18.6
股份有限公司	32863	23087	42.3	21598	12410	74.0
私营企业	291377	213017	36.8	186318	112130	66.2
私营独资企业	40697	28166	44.5	24032	13985	71.8
私营合伙企业	2253	1748	28.9	1232	1131	8.9
私营有限责任公司	247282	181069	36.6	159082	95091	67.3
私营股份有限公司	1146	2034	—43.7	1973	1922	2.7
其他企业	338	235	43.8	43	30	43.3
港澳台商投资企业	**101540**	**98716**	**2.9**	**67994**	**66935**	**1.6**
港澳台商合资经营企业	44802	39959	12.1	25571	21693	17.9
港澳台商合作经营企业	14202	13687	3.8	12207	12968	—5.9
港澳台商独资经营企业	41591	44240	—6.0	29525	31722	—6.9
港澳台商投资股份有限公司	945	831	13.7	691	553	25.0
外商投资企业	**666741**	**604145**	**10.4**	**375426**	**332050**	**13.1**
中外合资经营企业	262991	242633	8.4	137718	131627	4.6
中外合作经营企业	125386	111508	12.4	73147	59320	23.3
外资企业	269874	243457	10.9	161792	139287	16.2
外商投资股份有限公司	84900	65466	29.7	27689	18166	52.4

3—9 限额以上直营连锁正餐业情况

（按登记注册类型分）

登记注册类型	门店总数(个)			营业面积(平方米)			从业人员(人)		
	2004年	2003年	±%	2004年	2003年	±%	2004年	2003年	±%
合　计	**930**	**865**	**7.5**	**1047867**	**952254**	**10.0**	**74682**	**75137**	**−0.6**
内资企业	**768**	**739**	**3.9**	**965294**	**887979**	**8.7**	**63653**	**66029**	**−3.6**
国有企业	51	45	13.3	76329	72705	5.0	4151	4221	−1.7
集体企业	14	14		17020	12500	36.2	756	678	11.5
股份合作企业	2	2		306	306		97	99	−2.0
联营企业									
国有联营企业									
集体联营企业									
国有与集体联营企业									
其他联营企业									
有限责任公司	238	221	7.7	169752	150382	12.9	16487	18319	−10.0
国有独资公司	5	7	−28.6	20658	10061	105.3	2081	1730	20.3
其他有限责任公司	233	214	8.9	149094	140321	6.3	14406	16589	−13.2
股份有限公司	9	8	12.5	21426	16666	28.6	508	513	−1.0
私营企业	451	446	1.1	678961	633920	7.1	41407	41948	−1.3
私营独资企业	65	61	6.6	112967	82270	37.3	6454	5871	9.9
私营合伙企业	3	3		4500	2100	114.3	529	512	3.3
私营有限责任公司	373	372	0.3	542294	530350	2.3	33393	34477	−3.1
私营股份有限公司	10	10		19200	19200		1031	1088	−5.2
其他企业	3	3		1500	1500		247	251	−1.6
港澳台商投资企业	**33**	**31**	**6.5**	**25690**	**22158**	**15.9**	**1425**	**1392**	**2.4**
港澳台商合资经营企业	14	14		20523	17683	16.1	870	913	−4.7
港澳台商合作经营企业									
港澳台商独资经营企业	19	17	11.8	5167	4475	15.5	555	479	15.9
港澳台商投资股份有限公司									
外商投资企业	**129**	**95**	**35.8**	**56883**	**42117**	**35.1**	**9604**	**7716**	**24.5**
中外合资经营企业	10	10		5166	5166		708	775	−8.6
中外合作经营企业	119	85	40.0	51717	36951	40.0	8896	6941	28.2
外资企业									
外商投资股份有限公司									

3—9　续表1

登记注册类型	营业收入(万元)			#零售额(万元)			利润总额(万元)		
	2004年	2003年	±%	2004年	2003年	±%	2004年	2003年	±%
合　计	**681520**	**605008**	**12.6**	**664741**	**599240**	**10.9**	**111073**	**78984**	**40.6**
内资企业	**539471**	**492082**	**9.6**	**523151**	**486752**	**7.5**	**97894**	**65933**	**48.5**
国有企业	63609	54254	17.2	61303	51721	18.5	2761	1640	68.4
集体企业	4666	4089	14.1	4666	4089	14.1	348	306	13.7
股份合作企业	298	317	—6.0	298	317	—6.0	36	35	2.9
联营企业									
国有联营企业									
集体联营企业									
国有与集体联营企业									
其他联营企业									
有限责任公司	163959	170420	—3.8	153754	170335	—9.7	74653	47893	55.9
国有独资公司	45975	27688	66.0	35923	27688	29.7	4713	2067	128.0
其他有限责任公司	117984	142732	—17.3	117830	142647	—17.4	69940	45827	52.6
股份有限公司	7288	4704	54.9	7189	4626	55.4	903	414	118.1
私营企业	298384	257842	15.7	295942	255662	15.8	19229	15669	22.7
私营独资企业	39231	34463	13.8	39231	34463	13.8	654	946	—30.9
私营合伙企业	5357	4205	27.4	5357	4205	27.4	49	—303	
私营有限责任公司	243620	211045	15.4	241535	208979	15.6	18555	15104	22.8
私营股份有限公司	10175	8129	25.2	9819	8015	22.5	—29	—78	
其他企业	1267	456	177.9				—35	—25	
港澳台商投资企业	**31651**	**25952**	**22.0**	**31388**	**25653**	**22.4**	**647**	**790**	**—18.1**
港澳台商合资经营企业	28632	23477	22.0	28369	23178	22.4	651	818	—20.4
港澳台商合作经营企业									
港澳台商独资经营企业	3019	2476	21.9	3019	2476	21.9	—5	—28	
港澳台商投资股份有限公司									
外商投资企业	**110398**	**86973**	**26.9**	**110202**	**86835**	**26.9**	**12531**	**12262**	**2.2**
中外合资经营企业	9857	9141	7.8	9661	9003	7.3	1699	1229	38.2
中外合作经营企业	100541	77833	29.2	100541	77833	29.2	10833	11032	—1.8
外资企业									
外商投资股份有限公司									

3—9 续表2

登记注册类型	资产总额(万元)			负债总额(万元)		
	2004年	2003年	±%	2004年	2003年	±%
合　计	**556050**	**470586**	**18.2**	**343235**	**254620**	**34.8**
内资企业	**485860**	**409475**	**18.7**	**306148**	**226950**	**34.9**
国有企业	83319	81269	2.5	50755	51031	—0.5
集体企业	3432	2320	47.9	2668	1666	60.1
股份合作企业	531	416	27.6	214	218	—1.8
联营企业						
国有联营企业						
集体联营企业						
国有与集体联营企业						
其他联营企业						
有限责任公司	124782	125400	—0.5	76828	70756	8.6
国有独资公司	36289	44407	—18.3	17663	16206	9.0
其他有限责任公司	88493	80993	9.3	59164	54551	8.5
股份有限公司	8853	8343	6.1	2938	1875	56.7
私营企业	264606	191492	38.2	172702	101374	70.4
私营独资企业	36520	26154	39.6	22544	13292	69.6
私营合伙企业	2013	1511	33.2	1232	1131	8.9
私营有限责任公司	224927	161793	39.0	146953	85029	72.8
私营股份有限公司	1146	2034	—43.7	1973	1922	2.7
其他企业	338	235	43.8	43	30	43.3
港澳台商投资企业	**26811**	**26295**	**2.0**	**14863**	**14602**	**1.8**
港澳台商合资经营企业	24046	24358	—1.3	12330	12634	—2.4
港澳台商合作经营企业						
港澳台商独资经营企业	2765	1937	42.7	2533	1969	28.6
港澳台商投资股份有限公司						
外商投资企业	**43379**	**34816**	**24.6**	**22224**	**13068**	**70.1**
中外合资经营企业	6605	6809	—3.0	1653	1300	27.2
中外合作经营企业	36773	28008	31.3	20572	11768	74.8
外资企业						
外商投资股份有限公司						

3—10 限额以上直营连锁快餐业情况

（按登记注册类型分）

登记注册类型	门店总数(个)			营业面积(平方米)			从业人员(人)		
	2004年	2003年	±%	2004年	2003年	±%	2004年	2003年	±%
合　计	**2467**	**2140**	**15.3**	**937804**	**805966**	**16.4**	**139705**	**113425**	**23.2**
内资企业	**573**	**572**	**0.2**	**168457**	**156131**	**7.9**	**14796**	**15277**	**-3.1**
国有企业	36	31	16.1	10439	8352	25.0	470	484	-2.9
集体企业									
股份合作企业	14	16	-12.5	4784	5384	-11.1	582	640	-9.1
联营企业									
国有联营企业									
集体联营企业									
国有与集体联营企业									
其他联营企业									
有限责任公司	298	317	-6.0	89792	85911	4.5	8143	9359	-13.0
国有独资公司									
其他有限责任公司	298	317	-6.0	89792	85911	4.5	8143	9359	-13.0
股份有限公司	10	7	42.9	1785	775	130.3	230	145	58.6
私营企业	215	201	7.0	61657	55709	10.7	5371	4649	15.5
私营独资企业	4	3	33.3	929	839	10.7	61	41	48.8
私营合伙企业	8	9	-11.1	2500	2700	-7.4	301	280	7.5
私营有限责任公司	203	189	7.4	58228	52170	11.6	5009	4328	15.7
私营股份有限公司									
其他企业									
港澳台商投资企业	**329**	**271**	**21.4**	**122205**	**101691**	**20.2**	**19271**	**15473**	**24.5**
港澳台商合资经营企业	222	175	26.9	81238	66043	23.0	13826	10862	27.3
港澳台商合作经营企业	30	29	3.4	13387	12534	6.8	815	921	-11.5
港澳台商独资经营企业	75	65	15.4	26730	22264	20.1	4538	3633	24.9
港澳台商投资股份有限公司	2	2		850	850		92	57	61.4
外商投资企业	**1565**	**1297**	**20.7**	**647142**	**548144**	**18.1**	**105638**	**82675**	**27.8**
中外合资经营企业	651	540	20.6	268011	221875	20.8	45907	34317	33.8
中外合作经营企业	267	215	24.2	90213	80293	12.4	17378	12392	40.2
外资企业	621	522	19.0	280067	239000	17.2	42129	35726	17.9
外商投资股份有限公司	26	20	30.0	8851	6976	26.9	224	240	-6.7

3—10 续表1

登记注册类型	营业收入(万元)			＃零售额(万元)			利润总额(万元)		
	2004年	2003年	±%	2004年	2003年	±%	2004年	2003年	±%
合　计	**2307396**	**1267222**	**82.1**	**2305194**	**1265193**	**82.2**	**132874**	**115229**	**15.3**
内资企业	**119539**	**95456**	**25.2**	**117825**	**93793**	**25.6**	**4414**	**2778**	**58.9**
国有企业	5221	3951	32.1	5221	3951	32.1	176	164	7.3
集体企业									
股份合作企业	4463	4403	1.4	4463	4403	1.4	139	188	—26.1
联营企业									
国有联营企业									
集体联营企业									
国有与集体联营企业									
其他联营企业									
有限责任公司	62084	48685	27.5	60370	47022	28.4	2662	1159	129.7
国有独资公司									
其他有限责任公司	62084	48685	27.5	60370	47022	28.4	2662	1159	129.7
股份有限公司	4968	3327	49.3	4968	3327	49.3	460	257	79.0
私营企业	42804	35090	22.0	42804	35090	22.0	976	1011	—3.5
私营独资企业	683	498	37.1	683	498	37.1	7	3	133.3
私营合伙企业	648	655	—1.1	648	655	—1.1	60	80	—25.0
私营有限责任公司	41473	33937	22.2	41473	33937	22.2	909	928	—2.0
私营股份有限公司									
其他企业									
港澳台商投资企业	**211447**	**172964**	**22.2**	**211105**	**172598**	**22.3**	**17395**	**13822**	**25.9**
港澳台商合资经营企业	160236	128745	24.5	159894	128379	24.5	17587	14806	18.8
港澳台商合作经营企业	17691	15905	11.2	17691	15905	11.2	145	—183	—179.2
港澳台商独资经营企业	32576	27464	18.6	32576	27464	18.6	—338	—752	—55.1
港澳台商投资股份有限公司	945	851	11.0	945	851	11.0	1	—50	—102.0
外商投资企业	**1976410**	**998802**	**97.9**	**1976265**	**998802**	**97.9**	**111066**	**98629**	**12.6**
中外合资经营企业	606043	483267	25.4	605897	483267	25.4	60989	62092	—1.8
中外合作经营企业	887197	100182	785.6	887197	100182	785.6	5815	1747	232.9
外资企业	465394	402444	15.6	465394	402444	15.6	42027	32399	29.7
外商投资股份有限公司	177768	129096	37.7	177768	129096	37.7	22344	23914	—6.6

3—10 续表2

登记注册类型	资产总额(万元)			负债总额(万元)		
	2004年	2003年	±%	2004年	2003年	±%
合　计	**772418**	**691549**	**11.7**	**446530**	**398150**	**12.2**
内资企业	**83755**	**58498**	**43.2**	**46112**	**32156**	**43.4**
国有企业	3175	3129	1.5	991	981	1.0
集体企业						
股份合作企业	9994	6923	44.4	5317	2519	111.1
联营企业						
国有联营企业						
集体联营企业						
国有与集体联营企业						
其他联营企业						
有限责任公司	45712	27767	64.6	25623	17656	45.1
国有独资公司						
其他有限责任公司	45712	27767	64.6	25623	17656	45.1
股份有限公司	1820	1397	30.3	1344	1093	23.0
私营企业	23054	19282	19.6	12838	9907	29.6
私营独资企业	884	115	668.7	823	46	1689.1
私营合伙企业	240	237	1.3			
私营有限责任公司	21930	18930	15.8	12015	9861	21.8
私营股份有限公司						
其他企业						
港澳台商投资企业	**71794**	**69655**	**3.1**	**51362**	**50693**	**1.3**
港澳台商合资经营企业	20756	15601	33.0	13242	9059	46.2
港澳台商合作经营企业	11506	11165	3.1	10496	11387	−7.8
港澳台商独资经营企业	38587	42059	−8.3	26933	29695	−9.3
港澳台商投资股份有限公司	945	831	13.7	691	553	25.0
外商投资企业	**616869**	**563396**	**9.5**	**349057**	**315301**	**10.7**
中外合资经营企业	256385	235825	8.7	136066	130327	4.4
中外合作经营企业	82119	77568	5.9	48430	43870	10.4
外资企业	269874	243457	10.9	161792	139287	16.2
外商投资股份有限公司	84900	65466	29.7	27689	18166	52.4

3－11 限额以上加盟连锁餐饮企业情况

（按登记注册类型分）

登记注册类型	门店总数（个）			营业面积（平方米）			从业人员（人）		
	2004 年	2003 年	±%	2004 年	2003 年	±%	2004 年	2003 年	±%
合　　计	**2609**	**2392**	**9.1**	**1436193**	**1247288**	**15.1**	**123053**	**113117**	**8.8**
内资企业	**2397**	**2291**	**4.6**	**1384309**	**1218952**	**13.6**	**118761**	**110458**	**7.5**
国有企业	498	437	14.0	6328	5433	16.5	1309	1102	18.8
集体企业	4	2	100.0	600	300	100.0	50	20	150.0
股份合作企业	25	27	－7.4	17673	19528	－9.5	2049	2144	－4.4
联营企业									
国有联营企业									
集体联营企业									
国有与集体联营企业									
其他联营企业									
有限责任公司	816	889	－8.2	422469	480400	－12.1	55052	55496	－0.8
国有独资公司	40	38	5.3	56428	45503	24.0	4260	3311	28.7
其他有限责任公司	776	851	－8.8	366041	434897	－15.8	50792	52185	－2.7
股份有限公司									
私营企业	1048	929	12.8	934239	709791	31.6	59799	51118	17.0
私营独资企业	176	206	－14.6	115390	129830	－11.1	8579	17968	－52.3
私营合伙企业	1	1		3000	3000		175	178	－1.7
私营有限责任公司	870	721	20.7	810849	571961	41.8	50865	32792	55.1
私营股份有限公司	1	1		5000	5000		180	180	
其他企业	6	7	－14.3	3000	3500	－14.3	502	578	－13.1
港澳台商投资企业	**136**	**63**	**115.9**	**24087**	**15787**	**52.6**	**2238**	**1730**	**29.4**
港澳台商合资经营企业	3	1	200.0	700	380	84.2	80	30	166.7
港澳台商合作经营企业	49			122			52		
港澳台商独资经营企业	84	62	35.5	23265	15407	51.0	2106	1700	23.9
港澳台商投资股份有限公司									
外商投资企业	**76**	**38**	**100.0**	**27797**	**12549**	**121.5**	**2054**	**929**	**121.1**
中外合资经营企业	28	4	600.0	12916	1900	579.8	812	104	680.8
中外合作经营企业	1			160			40		
外资企业	44	32	37.5	14121	10291	37.2	1157	796	45.4
外商投资股份有限公司	3	2	50.0	600	358	67.6	45	29	55.2

3—11 续表

登记注册类型	营业收入(万元)			#零售额(万元)		
	2004年	2003年	±%	2004年	2003年	±%
合　计	**947001**	**652354**	**45.2**	**939343**	**645739**	**45.5**
内资企业	**913855**	**630048**	**45.0**	**906197**	**623434**	**45.4**
国有企业	15804	14124	11.9	10370	9458	9.6
集体企业	90	20	350.0	90	20	350.0
股份合作企业	23449	21123	11.0	23449	21123	11.0
联营企业						
国有联营企业						
集体联营企业						
国有与集体联营企业						
其他联营企业						
有限责任公司	456084	321859	41.7	456045	321859	41.7
国有独资公司	29154	23071	26.4	29154	23071	26.4
其他有限责任公司	426930	298788	42.9	426892	298788	42.9
股份有限公司						
私营企业	416243	270973	53.6	416243	270973	53.6
私营独资企业	50661	61849	−18.1	50661	61849	−18.1
私营合伙企业	1587	1376	15.3	1587	1376	15.3
私营有限责任公司	363146	206193	76.1	363146	206193	76.1
私营股份有限公司	849	1556	−45.4	849	1556	−45.4
其他企业	2185	1948	12.2			
港澳台商投资企业	**20961**	**14268**	**46.9**	**20961**	**14268**	**46.9**
港澳台商合资经营企业	369	28	1217.9	369	28	1217.9
港澳台商合作经营企业	1542			1542		
港澳台商独资经营企业	19050	14240	33.8	19050	14240	33.8
港澳台商投资股份有限公司						
外商投资企业	**12185**	**8038**	**51.6**	**12185**	**8038**	**51.6**
中外合资经营企业	4510	2125	112.2	4510	2125	112.2
中外合作经营企业	28			28		
外资企业	7466	5888	26.8	7466	5888	26.8
外商投资股份有限公司	1811	256	607.4	1811	256	607.4

3—12 限额以上加盟连锁正餐业情况

（按登记注册类型分）

登记注册类型	门店总数(个)			营业面积(平方米)			从业人员(人)		
	2004 年	2003 年	±%	2004 年	2003 年	±%	2004 年	2003 年	±%
合　计	**1859**	**1821**	**2.1**	**1349932**	**1187971**	**13.6**	**115861**	**107675**	**7.6**
内资企业	**1835**	**1804**	**1.7**	**1342808**	**1184761**	**13.3**	**114737**	**106703**	**7.5**
国有企业	28	20	40.0	280	260	7.7	138	86	60.5
集体企业	4	2	100.0	600	300	100.0	50	20	150.0
股份合作企业	2	2		3860	3860		601	591	1.7
联营企业									
国有联营企业									
集体联营企业									
国有与集体联营企业									
其他联营企业									
有限责任公司	811	886	−8.5	421719	479800	−12.1	54954	55376	−0.8
国有独资公司	40	38	5.3	56428	45503	24.0	4260	3311	28.7
其他有限责任公司	771	848	−9.1	365291	434297	−15.9	50694	52065	−2.6
股份有限公司									
私营企业	984	887	10.9	913349	697041	31.0	58492	50052	16.9
私营独资企业	158	191	−17.3	103490	122420	−15.5	7994	17383	−54.0
私营合伙企业	1	1		3000	3000		175	178	−1.7
私营有限责任公司	824	694	18.7	801859	566621	41.5	50143	32311	55.2
私营股份有限公司	1	1		5000	5000		180	180	
其他企业	6	7	−14.3	3000	3500	−14.3	502	578	−13.1
港澳台商投资企业	**24**	**17**	**41.2**	**7124**	**3210**	**121.9**	**1124**	**972**	**15.6**
港澳台商合资经营企业									
港澳台商合作经营企业									
港澳台商独资经营企业	24	17	41.2	7124	3210	121.9	1124	972	15.6
港澳台商投资股份有限公司									
外商投资企业									
中外合资经营企业									
中外合作经营企业									
外资企业									
外商投资股份有限公司									

3—12 续表

登记注册类型	营业收入(万元)			#零售额(万元)		
	2004年	2003年	±%	2004年	2003年	±%
合 计	**864737**	**588900**	**46.8**	**862552**	**586951**	**47.0**
内资企业	**859769**	**584635**	**47.1**	**857584**	**582687**	**47.2**
国有企业	300	160	87.5	300	160	87.5
集体企业	90	20	350.0	90	20	350.0
股份合作企业	10151	9429	7.7	10151	9429	7.7
联营企业						
国有联营企业						
集体联营企业						
国有与集体联营企业						
其他联营企业						
有限责任公司	455503	321485	41.7	455503	321485	41.7
国有独资公司	29154	23071	26.4	29154	23071	26.4
其他有限责任公司	426349	298413	42.9	426349	298413	42.9
股份有限公司						
私营企业	391540	251593	55.6	391540	251593	55.6
私营独资企业	29055	43634	—33.4	29055	43634	—33.4
私营合伙企业	1587	1376	15.3	1587	1376	15.3
私营有限责任公司	360049	205027	75.6	360049	205027	75.6
私营股份有限公司	849	1556	—45.4	849	1556	—45.4
其他企业	2185	1948	12.2			
港澳台商投资企业	**4968**	**4265**	**16.5**	**4968**	**4265**	**16.5**
港澳台商合资经营企业						
港澳台商合作经营企业						
港澳台商独资经营企业	4968	4265	16.5	4968	4265	16.5
港澳台商投资股份有限公司						
外商投资企业						
中外合资经营企业						
中外合作经营企业						
外资企业						
外商投资股份有限公司						

3—13 限额以上加盟连锁快餐业情况

（按登记注册类型分）

登记注册类型	门店总数(个)			营业面积(平方米)			从业人员(人)		
	2004 年	2003 年	±%	2004 年	2003 年	±%	2004 年	2003 年	±%
合　计	**211**	**137**	**54.0**	**68791**	**47284**	**45.5**	**5398**	**3814**	**41.5**
内资企业	**72**	**53**	**35.8**	**24153**	**22158**	**9.0**	**2282**	**2127**	**7.3**
国有企业	2	2		1100	1100		100	59	69.5
集体企业									
股份合作企业	23	25	−8.0	13813	15668	−11.8	1448	1553	−6.8
联营企业									
国有联营企业									
集体联营企业									
国有与集体联营企业									
其他联营企业									
有限责任公司	5	3	66.7	750	600	25.0	98	120	−18.3
国有独资公司									
其他有限责任公司	5	3	66.7	750	600	25.0	98	120	−18.3
股份有限公司									
私营企业	42	23	82.6	8490	4790	77.2	636	395	61.0
私营独资企业									
私营合伙企业									
私营有限责任公司	42	23	82.6	8490	4790	77.2	636	395	61.0
私营股份有限公司									
其他企业									
港澳台商投资企业	**63**	**46**	**37.0**	**16841**	**12577**	**33.9**	**1062**	**758**	**40.1**
港澳台商合资经营企业	3	1	200.0	700	380	84.2	80	30	166.7
港澳台商合作经营企业									
港澳台商独资经营企业	60	45	33.3	16141	12197	32.3	982	728	34.9
港澳台商投资股份有限公司									
外商投资企业	**76**	**38**	**100.0**	**27797**	**12549**	**121.5**	**2054**	**929**	**121.1**
中外合资经营企业	28	4	600.0	12916	1900	579.8	812	104	680.8
中外合作经营企业	1			160			40		
外资企业	44	32	37.5	14121	10291	37.2	1157	796	45.4
外商投资股份有限公司	3	2	50.0	600	358	67.6	45	29	55.2

3—13 续表

登记注册类型	营业收入(万元)			#零售额(万元)		
	2004 年	2003 年	±%	2004 年	2003 年	±%
合　计	**43701**	**31111**	**40.5**	**43663**	**31111**	**40.3**
内资企业	**17065**	**13070**	**30.6**	**17027**	**13070**	**30.3**
国有企业	211			211		
集体企业						
股份合作企业	13298	11694	13.7	13298	11694	13.7
联营企业						
国有联营企业						
集体联营企业						
国有与集体联营企业						
其他联营企业						
有限责任公司	581	374	55.3	543	374	45.2
国有独资公司						
其他有限责任公司	581	374	55.3	543	374	45.2
股份有限公司						
私营企业	2975	1002	196.9	2975	1002	196.9
私营独资企业						
私营合伙企业						
私营有限责任公司	2975	1002	196.9	2975	1002	196.9
私营股份有限公司						
其他企业						
港澳台商投资企业	**14451**	**10003**	**44.5**	**14451**	**10003**	**44.5**
港澳台商合资经营企业	369	28	1217.9	369	28	1217.9
港澳台商合作经营企业						
港澳台商独资经营企业	14082	9975	41.2	14082	9975	41.2
港澳台商投资股份有限公司						
外商投资企业	**12185**	**8038**	**51.6**	**12185**	**8038**	**51.6**
中外合资经营企业	4510	2125	112.2	4510	2125	112.2
中外合作经营企业	28			28		
外资企业	7466	5888	26.8	7466	5888	26.8
外商投资股份有限公司	1811	256	607.4	1811	256	607.4

3—14 限额以上连锁餐饮企业统一配送比重

（按登记注册类型分）

单位：%

登记注册类型	2004年	2003年	直营		加盟	
			2004年	2003年	2004年	2003年
内资企业	**58.5**	**57.2**	**63.9**	**62.5**	**32.5**	**31.9**
国有企业	86.4	82.6	88.4	84.4	2.4	1.1
集体企业	100.0	100.0	100.0	100.0	100.0	100.0
股份合作企业	99.6	99.6	97.8	98.0	100.0	100.0
联营企业						
国有联营企业						
集体联营企业						
国有与集体联营企业						
其他联营企业						
有限责任公司	58.1	57.7	73.7	74.5	18.0	17.8
国有独资公司	100.0	100.0	100.0	100.0		
其他有限责任公司	53.0	53.4	67.3	71.0	19.2	19.1
股份有限公司	93.6	93.0	93.6	93.0		
私营企业	52.1	49.6	48.4	45.7	45.4	44.4
私营独资企业	47.1	42.5	42.4	39.6	17.4	9.3
私营合伙企业						
私营有限责任公司	54.3	52.9	52.0	49.1	49.6	55.5
私营股份有限公司						
其他企业	100.0	100.0	100.0	100.0	100.0	100.0
港澳台商投资企业	**76.8**	**77.8**	**78.5**	**79.1**	**57.0**	**59.5**
港澳台商合资经营企业	80.4	81.4	80.6	81.4		
港澳台商合作经营企业	44.1	41.0	40.1	41.0	100.0	
港澳台商独资经营企业	77.6	80.6	89.6	90.2	54.7	59.6
港澳台商投资股份有限公司	100.0	100.0	100.0	100.0		
外商投资企业	**96.7**	**94.7**	**96.5**	**94.5**	**65.3**	**78.7**
中外合资经营企业	97.4	96.9	97.0	96.7	35.0	40.0
中外合作经营企业	98.9	95.6	98.9	95.6		
外资企业	94.1	93.9	94.0	93.8	85.5	93.0
外商投资股份有限公司	14.4	18.4	13.5	18.2		

3—15 限额以上连锁餐饮企业自有配送比重

（按登记注册类型分）

单位：%

登记注册类型	2004年	2003年	直营		加盟	
			2004年	2003年	2004年	2003年
内资企业	**43.9**	**43.3**	**53.5**	**50.9**	**19.4**	**19.8**
国有企业	84.2	80.3	85.8	81.6	2.4	1.1
集体企业	96.3	97.3	96.7	97.4	10.0	10.0
股份合作企业	58.2	57.7	48.8	42.9	60.3	61.2
联营企业						
国有联营企业						
集体联营企业						
国有与集体联营企业						
其他联营企业						
有限责任公司	47.8	47.4	68.4	66.1	14.4	14.3
国有独资公司	100.0	100.0	100.0	100.0		
其他有限责任公司	41.4	42.0	60.7	61.3	15.4	15.4
股份有限公司	90.8	90.3	90.8	90.3		
私营企业	32.6	31.2	32.4	29.6	22.9	23.5
私营独资企业	43.7	39.9	35.3	33.4	17.3	9.2
私营合伙企业						
私营有限责任公司	31.9	30.4	33.8	30.6	23.8	28.1
私营股份有限公司						
其他企业	100.0	100.0	100.0	100.0	100.0	100.0
港澳台商投资企业	**63.6**	**64.2**	**64.2**	**64.7**	**55.6**	**57.8**
港澳台商合资经营企业	78.9	80.7	79.1	80.7		
港澳台商合作经营企业	23.4	14.7	17.9	14.7	100.0	
港澳台商独资经营企业	27.3	28.6	13.9	15.1	53.0	57.9
港澳台商投资股份有限公司	100.0	100.0	100.0	100.0		
外商投资企业	**77.8**	**64.7**	**77.8**	**64.8**	**20.8**	**20.8**
中外合资经营企业	52.5	50.3	51.8	49.9	35.0	40.0
中外合作经营企业	92.8	73.7	92.8	73.7		
外资企业	81.6	79.4	82.7	80.3	12.8	13.9
外商投资股份有限公司	14.4	18.4	13.5	18.2		

3—16 限额以上连锁餐饮企业非自有配送比重

（按登记注册类型分）

单位:%

登记注册类型	2004年	2003年	直营		加盟	
			2004年	2003年	2004年	2003年
内资企业	**14.5**	**14.0**	**10.5**	**11.6**	**13.1**	**12.1**
国有企业	2.2	2.4	2.6	2.8		
集体企业	3.7	2.7	3.3	2.6	90.0	90.0
股份合作企业	41.4	41.9	49.0	55.1	39.7	38.8
联营企业						
国有联营企业						
集体联营企业						
国有与集体联营企业						
其他联营企业						
有限责任公司	10.3	10.3	5.2	8.4	3.5	3.5
国有独资公司						
其他有限责任公司	11.6	11.4	6.5	9.6	3.8	3.8
股份有限公司	2.7	2.7	2.7	2.7		
私营企业	19.5	18.3	16.0	16.0	22.5	20.9
私营独资企业	3.4	2.5	7.0	6.3	0.1	
私营合伙企业						
私营有限责任公司	22.5	22.5	18.3	18.5	25.8	27.4
私营股份有限公司						
其他企业						
港澳台商投资企业	**13.1**	**13.5**	**14.1**	**14.3**	**1.5**	**1.7**
港澳台商合资经营企业	1.4	0.5	1.4	0.5		
港澳台商合作经营企业	20.7	26.3	22.2	26.3		
港澳台商独资经营企业	50.3	52.0	75.7	75.1	1.6	1.7
港澳台商投资股份有限公司						
外商投资企业	**18.9**	**30.0**	**18.7**	**29.8**	**44.5**	**57.9**
中外合资经营企业	44.9	46.6	45.2	46.8		
中外合作经营企业	6.1	22.0	6.1	22.0		
外资企业	12.5	14.5	11.4	13.5	72.7	79.0
外商投资股份有限公司						

3—17 限额以上连锁正餐业统一配送比重

（按登记注册类型分）

单位：%

登记注册类型	2004年	2003年	直营		加盟	
			2004年	2003年	2004年	2003年
内资企业	**55.7**	**54.5**	**58.5**	**58.0**	**32.2**	**31.5**
国有企业	87.0	82.6	86.9	82.5	100.0	100.0
集体企业	100.0	100.0	100.0	100.0	100.0	100.0
股份合作企业	100.0	100.0	100.0	100.0	100.0	100.0
联营企业						
国有联营企业						
集体联营企业						
国有与集体联营企业						
其他联营企业						
有限责任公司	54.6	54.3	66.9	69.7	17.9	17.7
国有独资公司	100.0	100.0	100.0	100.0		
其他有限责任公司	48.3	49.0	54.0	63.9	19.2	19.1
股份有限公司	94.5	92.1	94.5	92.1		
私营企业	52.3	49.9	46.1	43.7	46.5	46.0
私营独资企业	58.3	49.5	46.2	43.4	15.2	4.7
私营合伙企业						
私营有限责任公司	53.1	51.8	49.0	46.4	49.3	55.4
私营股份有限公司						
其他企业	100.0	100.0	100.0	100.0	100.0	100.0
港澳台商投资企业	**17.0**	**17.6**	**6.6**	**6.5**	**83.5**	**85.0**
港澳台商合资经营企业						
港澳台商合作经营企业						
港澳台商独资经营企业	78.0	78.7	68.9	68.0	83.5	85.0
港澳台商投资股份有限公司						
外商投资企业	**95.0**	**94.1**	**95.0**	**94.1**		
中外合资经营企业	43.9	43.4	43.9	43.4		
中外合作经营企业	100.0	100.0	100.0	100.0		
外资企业						
外商投资股份有限公司						

3—18 限额以上连锁正餐业自有配送比重

（按登记注册类型分）

单位：%

登记注册类型	2004 年	2003 年	直营		加盟	
			2004 年	2003 年	2004 年	2003 年
内资企业	**40.4**	**39.9**	**47.1**	**45.3**	**19.4**	**19.9**
国有企业	**83.9**	**79.3**	**83.9**	**79.2**	**100.0**	**100.0**
集体企业	96.3	97.3	96.7	97.4	10.0	10.0
股份合作企业	100.0	100.0	100.0	100.0	100.0	100.0
联营企业						
国有联营企业						
集体联营企业						
国有与集体联营企业						
其他联营企业						
有限责任公司	43.8	43.1	62.1	59.6	14.4	14.2
国有独资公司	100.0	100.0	100.0	100.0		
其他有限责任公司	36.1	36.6	47.3	51.7	15.4	15.3
股份有限公司	94.5	92.1	94.5	92.1		
私营企业	31.2	30.3	28.8	26.8	22.7	23.5
私营独资企业	53.6	46.3	38.1	36.0	15.2	4.7
私营合伙企业						
私营有限责任公司	29.6	28.4	29.1	26.9	23.4	27.9
私营股份有限公司						
其他企业	100.0	100.0	100.0	100.0	100.0	100.0
港澳台商投资企业	**17.0**	**17.6**	**6.6**	**6.5**	**83.5**	**85.0**
港澳台商合资经营企业						
港澳台商合作经营企业						
港澳台商独资经营企业	78.0	78.7	68.9	68.0	83.5	85.0
港澳台商投资股份有限公司						
外商投资企业	**58.8**	**61.3**	**58.8**	**61.3**		
中外合资经营企业	43.9	43.4	43.9	43.4		
中外合作经营企业	60.3	63.4	60.3	63.4		
外资企业						
外商投资股份有限公司						

3—19 限额以上连锁正餐业非自有配送比重

（按登记注册类型分）

单位：%

登记注册类型	2004 年	2003 年	直营		加盟	
			2004 年	2003 年	2004 年	2003 年
内资企业	**15.3**	**14.6**	**11.4**	**12.8**	**12.8**	**11.6**
国有企业	3.0	3.3	3.0	3.3		
集体企业	3.7	2.7	3.3	2.6	90.0	90.0
股份合作企业						
联营企业						
国有联营企业						
集体联营企业						
国有与集体联营企业						
其他联营企业						
有限责任公司	10.8	11.2	4.8	10.2	3.6	3.5
国有独资公司						
其他有限责任公司	12.2	12.4	6.7	12.2	3.8	3.8
股份有限公司						
私营企业	21.0	19.6	17.3	16.9	23.8	22.4
私营独资企业	4.7	3.3	8.1	7.4		
私营合伙企业						
私营有限责任公司	23.5	23.4	19.9	19.4	25.9	27.5
私营股份有限公司						
其他企业						
港澳台商投资企业						
港澳台商合资经营企业						
港澳台商合作经营企业						
港澳台商独资经营企业						
港澳台商投资股份有限公司						
外商投资企业	**36.2**	**32.7**	**36.2**	**32.7**		
中外合资经营企业						
中外合作经营企业	39.7	36.6	39.7	36.6		
外资企业						
外商投资股份有限公司						

3－20 限额以上连锁快餐业统一配送比重

（按登记注册类型分）

单位：%

登记注册类型	2004年	2003年	直营		加盟	
			2004年	2003年	2004年	2003年
内资企业	**81.7**	**81.1**	**79.8**	**79.0**	**93.2**	**96.9**
国有企业	87.1	85.0	87.4	85.0	40.0	
集体企业						
股份合作企业	100.0	100.0	100.0	100.0	100.0	100.0
联营企业						
国有联营企业						
集体联营企业						
国有与集体联营企业						
其他联营企业						
有限责任公司	88.7	88.9	89.0	89.2	34.5	50.0
国有独资公司						
其他有限责任公司	88.7	88.9	89.0	89.2	34.5	50.0
股份有限公司	80.0	80.0	80.0	80.0		
私营企业	64.4	61.8	63.4	61.3	78.0	78.0
私营独资企业						
私营合伙企业						
私营有限责任公司	66.3	63.8	65.4	63.4	78.0	78.0
私营股份有限公司						
其他企业						
港澳台商投资企业	**85.9**	**87.4**	**88.8**	**89.6**	**43.4**	**48.6**
港澳台商合资经营企业	94.8	96.2	95.0	96.3		
港澳台商合作经营企业	27.0	30.8	27.0	30.8		
港澳台商独资经营企业	77.3	80.8	91.5	92.4	44.5	48.8
港澳台商投资股份有限公司	100.0	100.0	100.0	100.0		
外商投资企业	**97.3**	**95.5**	**97.2**	**95.4**	**65.3**	**78.7**
中外合资经营企业	98.3	98.0	97.9	97.7	35.0	40.0
中外合作经营企业	100.0	100.0	100.0	100.0		
外资企业	94.1	93.9	94.0	93.8	85.5	93.0
外商投资股份有限公司	14.4	18.4	13.5	18.2		

3—21　限额以上连锁快餐业自有配送比重

（按登记注册类型分）

单位：%

登记注册类型	2004年	2003年	直营		加盟	
			2004年	2003年	2004年	2003年
内资企业	**66.6**	**64.8**	**70.6**	**69.0**	**37.0**	**33.5**
国有企业	80.7	77.9	80.7	77.9	40.0	
集体企业						
股份合作企业	33.4	31.8	43.7	36.6	30.0	30.0
联营企业						
国有联营企业						
集体联营企业						
国有与集体联营企业						
其他联营企业						
有限责任公司	83.5	86.0	83.7	86.2	34.5	50.0
国有独资公司						
其他有限责任公司	83.5	86.0	83.7	86.2	34.5	50.0
股份有限公司	68.0	68.0	68.0	68.0		
私营企业	54.4	48.9	53.5	48.3	68.6	68.3
私营独资企业						
私营合伙企业						
私营有限责任公司	56.1	50.5	55.2	50.0	68.6	68.3
私营股份有限公司						
其他企业						
港澳台商投资企业	**70.2**	**71.3**	**72.1**	**72.8**	**41.2**	**46.2**
港澳台商合资经营企业	93.0	95.4	93.2	95.4		
港澳台商合作经营企业						
港澳台商独资经营企业	17.6	18.2	6.9	8.0	42.3	46.3
港澳台商投资股份有限公司	100.0	100.0	100.0	100.0		
外商投资企业	**79.2**	**65.5**	**79.3**	**65.6**	**20.8**	**20.8**
中外合资经营企业	52.6	50.5	51.9	50.0	35.0	40.0
中外合作经营企业	97.6	87.6	97.6	87.6		
外资企业	81.6	79.4	82.7	80.3	12.8	13.9
外商投资股份有限公司	14.4	18.4	13.5	18.2		

3—22 限额以上连锁快餐业非自有配送比重

（按登记注册类型分）

单位：%

登记注册类型	2004年	2003年	直营		加盟	
			2004年	2003年	2004年	2003年
内资企业	**15.1**	**16.4**	**9.2**	**9.9**	**56.2**	**63.4**
国有企业	6.5	7.1	6.7	7.1		
集体企业						
股份合作企业	66.6	68.2	56.3	63.4	70.0	70.0
联营企业						
国有联营企业						
集体联营企业						
国有与集体联营企业						
其他联营企业						
有限责任公司	5.2	3.0	5.2	3.0		
国有独资公司						
其他有限责任公司	5.2	3.0	5.2	3.0		
股份有限公司	12.0	12.0	12.0	12.0		
私营企业	9.9	12.9	9.9	13.0	9.4	9.8
私营独资企业						
私营合伙企业						
私营有限责任公司	10.2	13.3	10.2	13.4	9.4	9.8
私营股份有限公司						
其他企业						
港澳台商投资企业	**15.6**	**15.9**	**16.5**	**16.7**	**2.2**	**2.4**
港澳台商合资经营企业	1.6	0.6	1.6	0.6		
港澳台商合作经营企业	27.0	30.8	27.0	30.8		
港澳台商独资经营企业	59.8	62.6	84.6	84.4	2.2	2.4
港澳台商投资股份有限公司						
外商投资企业	**18.1**	**30.0**	**17.8**	**29.7**	**44.5**	**57.9**
中外合资经营企业	45.6	47.5	46.0	47.7		
中外合作经营企业	2.4	12.4	2.4	12.4		
外资企业	12.5	14.5	11.4	13.5	72.7	79.0
外商投资股份有限公司						

3—23 各地区限额以上连锁餐饮业集团数

（按业态分）

单位：个

地区	合计	正餐	快餐	咖啡店	其他餐饮
全国	**251**	**136**	**100**	**2**	**13**
北京	46	25	19	1	1
天津	11	4	5		2
河北	2	1	1		
山西	6	5	1		
内蒙古	3	3			
辽宁	7	2	5		
吉林	2	2			
黑龙江	3	2	1		
上海	13	2	10		1
江苏	13	1	9		3
浙江	16	7	7		2
安徽	7	5	2		
福建	11	4	5		2
江西	5	4	1		
山东	12	8	4		
河南	6	6			
湖北	20	16	4		
湖南	4	2	2		
广东	22	9	11	1	1
广西					
海南	1	1			
重庆	10	9	1		
四川	5	2	3		
贵州	2	2			
云南	7	2	5		
西藏					
陕西	6	6			
甘肃	4	4			
青海	2	1			1
宁夏					
新疆	5	1	4		

3－24 各地区限额以上连锁餐饮业集团构成

（按业态分）

单位：%

地区	合计	正餐	快餐	咖啡店	其他餐饮
全国	100.0	100.0	100.0	100.0	100.0
北京	18.3	18.4	19.0	50.0	7.7
天津	4.4	2.9	5.0		15.4
河北	0.8	0.7	1.0		
山西	2.4	3.7	1.0		
内蒙古	1.2	2.2			
辽宁	2.8	1.5	5.0		
吉林	0.8	1.5			
黑龙江	1.2	1.5	1.0		
上海	5.2	1.5	10.0		7.7
江苏	5.2	0.7	9.0		23.1
浙江	6.4	5.1	7.0		15.4
安徽	2.8	3.7	2.0		
福建	4.4	2.9	5.0		15.4
江西	2.0	2.9	1.0		
山东	4.8	5.9	4.0		
河南	2.4	4.4			
湖北	8.0	11.8	4.0		
湖南	1.6	1.5	2.0		
广东	8.8	6.6	11.0	50.0	7.7
广西					
海南	0.4	0.7			
重庆	4.0	6.6	1.0		
四川	2.0	1.5	3.0		
贵州	0.8	1.5			
云南	2.8	1.5	5.0		
西藏					
陕西	2.4	4.4			
甘肃	1.6	2.9			
青海	0.8	0.7			7.7
宁夏					
新疆	2.0	0.7	4.0		

3—25　各地区限额以上连锁餐饮企业门店数

（按业态分）

单位：个

地　区	2004年	2003年	±%	正　餐			快　餐		
				2004年	2003年	±%	2004年	2003年	±%
全　国	**6968**	**6127**	**13.7**	**2789**	**2686**	**3.8**	**2678**	**2277**	**17.6**
北　京	858	722	18.8	225	210	7.1	541	460	17.6
天　津	579	528	9.7	56	55	1.8	110	95	15.8
河　北	194	174	11.5	140	143	—2.1	23	15	53.3
山　西	135	138	—2.2	108	116	—6.9	22	18	22.2
内蒙古	81	75	8.0	72	70	2.9	9	5	
辽　宁	240	214		113	115		111	90	
吉　林	67	57	17.5	31	32	—3.1	32	23	39.1
黑龙江	144	134	7.5	92	92		52	42	
上　海	520	494	5.3	120	94	27.7	384	372	3.2
江　苏	1051	794		127	99		206	182	
浙　江	297	231	28.6	86	64	34.4	178	135	31.9
安　徽	85	78	9.0	51	51		34	27	25.9
福　建	161	164	—1.8	40	40		74	70	5.7
江　西	33	30	10.0	22	18	22.2	10	11	—9.1
山　东	307	297	3.4	209	207	1.0	90	81	11.1
河　南	192	183	4.9	183	179	2.2	5	1	400.0
湖　北	175	182	—3.8	96	106	—9.4	79	76	3.9
湖　南	97	77							
广　东	660	516	27.9	128	115	11.3	434	352	
广　西	32	21	52.4	14	10	40.0	13	7	85.7
海　南	12	11	9.1	7	6	16.7	5	5	
重　庆	222	200	11.0	200	185	8.1	22	15	46.7
四　川	322	312		231	239		91	73	
贵　州	45	43	4.7	41	40	2.5	4	3	
云　南	96	103		47	52		49	51	
西　藏	10	6	66.7	9	6	50.0	1		
陕　西	123	111	10.8	121	110	10.0	1		
甘　肃	73	82	—11.0	73	82	—11.0			
青　海	21	22	—4.5	13	14	—7.1			
宁　夏	9	11	—18.2	9	11	—18.2			
新　疆	127	117	8.5	85	86	—1.2	42	31	35.5

3－26　各地区限额以上直营连锁餐饮企业门店数

（按业态分）

单位:个

地　区	2004年	2003年	±%	正餐			快餐		
				2004年	2003年	±%	2004年	2003年	±%
全　国	**4359**	**3735**	**16.7**	**930**	**865**	**7.5**	**2467**	**2140**	**15.3**
北　京	803	683	17.6	205	191	7.3	520	453	14.8
天　津	166	157	5.7	27	29	－6.9	103	89	15.7
河　北	22	18	22.2	4	4		18	14	28.6
山　西	38	33	15.2	16	15	6.7	22	18	22.2
内蒙古	29	26	11.5	24	23	4.3	5	3	66.7
辽　宁	110	94	17.0	8	9	－11.1	101	84	20.2
吉　林	36	27	33.3	4	4		32	23	39.1
黑龙江	51	45	13.3	11	11		40	34	17.6
上　海	467	436	7.1	93	72	29.2	362	353	2.5
江　苏	988	741	33.3	86	65	32.3	191	170	12.4
浙　江	263	205	28.3	65	49	32.7	175	133	31.6
安　徽	66	56	17.9	32	29	10.3	34	27	25.9
福　建	141	142	－0.7	21	19	10.5	73	69	5.8
江　西	20	18	11.1	10	7	42.9	10	11	－9.1
山　东	113	105	7.6	26	28	－7.1	86	76	13.2
河　南	23	26	－11.5	22	25	－12.0	1	1	
湖　北	124	124		45	48	－6.3	79	76	3.9
湖　南	61	44	38.6	8	7	14.3	53	37	43.2
广　东	542	463	17.1	64	63	1.6	433	352	23.0
广　西	6	8	－25.0	6	8	－25.0			
海　南	7	8	－12.5	2	3	－33.3	5	5	
重　庆	64	59	8.5	52	48	8.3	12	11	9.1
四　川	64	62	3.2	17	22	－22.7	47	40	17.5
贵　州	20	20		16	17	－5.9	4	3	33.3
云　南	45	49	－8.2	13	14	－7.1	32	35	－8.6
西　藏		1	－100.0		1	－100.0			
陕　西	29	26	11.5	29	26	11.5			
甘　肃	17	20	－15.0	17	20	－15.0			
青　海	11	12	－8.3	3	4	－25.0			
宁　夏	2	2		2	2				
新　疆	31	25	24.0	2	2		29	23	26.1

3—27 各地区限额以上加盟连锁餐饮企业门店数

（按业态分）

单位：个

地　区	2004年	2003年	±%	正　餐			快　餐		
				2004年	2003年	±%	2004年	2003年	±%
全　国	**2609**	**2392**	**9.1**	**1859**	**1821**	**2.1**	**211**	**137**	**54.0**
北　京	55	39	41.0	20	19	5.3	21	7	200.0
天　津	413	371	11.3	29	26	11.5	7	6	16.7
河　北	172	156	10.3	136	139	—2.2	5	1	400.0
山　西	97	105	—7.6	92	101	—8.9			
内蒙古	52	49	6.1	48	47	2.1	4	2	100.0
辽　宁	130	120	8.3	105	106	—0.9	10	6	66.7
吉　林	31	30	3.3	27	28	—3.6			
黑龙江	93	89	4.5	81	81		12	8	50.0
上　海	53	58	—8.6	27	22	22.7	22	19	15.8
江　苏	63	53	18.9	41	34	20.6	15	12	25.0
浙　江	34	26	30.8	21	15	40.0	3	2	50.0
安　徽	19	22	—13.6	19	22	—13.6			
福　建	20	22	—9.1	19	21	—9.5	1	1	
江　西	13	12	8.3	12	11	9.1			
山　东	194	192	1.0	183	179	2.2	4	5	—20.0
河　南	169	157	7.6	161	154	4.5	4		
湖　北	51	58	—12.1	51	58	—12.1			
湖　南	36	33	9.1	32	32		3		
广　东	118	53	122.6	64	52	23.1	1		
广　西	26	13	100.0	8	2	300.0	13	7	85.7
海　南	5	3	66.7	5	3	66.7			
重　庆	158	141	12.1	148	137	8.0	10	4	150.0
四　川	258	250	3.2	214	217	—1.4	44	33	33.3
贵　州	25	23	8.7	25	23	8.7			
云　南	51	54	—5.6	34	38	—10.5	17	16	6.3
西　藏	10	5	100.0	9	5	80.0	1		
陕　西	94	85	10.6	92	84	9.5	1		
甘　肃	56	62	—9.7	56	62	—9.7			
青　海	10	10		10	10				
宁　夏	7	9	—22.2	7	9	—22.2			
新　疆	96	92	4.3	83	84	—1.2	13	8	62.5

3－28 各地区限额以上连锁餐饮企业门店数

（按登记注册类型分）

单位：个

地区	合计			直营店			加盟店		
	2004年	2003年	±%	2004年	2003年	±%	2004年	2003年	±%
全国	**6968**	**6127**	**13.7**	**4359**	**3735**	**16.7**	**2609**	**2392**	**9.1**
北京	858	722	18.8	803	683	17.6	55	39	41.0
天津	579	528	9.7	166	157	5.7	413	371	11.3
河北	194	174	11.5	22	18	22.2	172	156	10.3
山西	135	138	－2.2	38	33	15.2	97	105	－7.6
内蒙古	81	75	8.0	29	26	11.5	52	49	6.1
辽宁	240	214	12.1	110	94	17.0	130	120	8.3
吉林	67	57	17.5	36	27	33.3	31	30	3.3
黑龙江	144	134	7.5	51	45	13.3	93	89	4.5
上海	520	494	5.3	467	436	7.1	53	58	－8.6
江苏	1051	794	32.4	988	741	33.3	63	53	18.9
浙江	297	231	28.6	263	205	28.3	34	26	30.8
安徽	85	78	9.0	66	56	17.9	19	22	－13.6
福建	161	164	－1.8	141	142	－0.7	20	22	－9.1
江西	33	30	10.0	20	18	11.1	13	12	8.3
山东	307	297	3.4	113	105	7.6	194	192	1.0
河南	192	183	3.9	23	26	－11.5	169	157	7.6
湖北	175	182	－3.8	124	124		51	58	－12.1
湖南	97	77	26.0	61	44	38.6	36	33	9.1
广东	660	516	27.9	542	463	17.1	118	53	122.6
广西	19	14	35.7	6	8	－25.0	13	6	116.7
海南	11	10	10.0	6	7	－14.3	5	3	66.7
重庆	326	258	26.4	139	134	3.7	187	124	50.8
四川	307	298	3.0	51	50	2.0	256	248	3.2
贵州	45	43	4.7	20	20		25	23	8.7
云南	76	81	－6.2	39	41	－4.9	37	40	－7.5
西藏	10	6	66.7		1	－100.0	10	5	100.0
陕西	123	111	10.8	29	26	11.5	94	85	10.6
甘肃	73	82	－11.0	17	20	－15.0	56	62	－9.7
青海	21	22	－4.5	11	12	－8.3	10	10	
宁夏	9	11	－18.2	2	2		7	9	－22.2
新疆	127	117	8.5	31	25	24.0	96	92	4.3

3－29 各地区限额以上内资连锁餐饮企业门店数

（按登记注册类型分）

单位：个

地区	合计			直营店			加盟店		
	2004年	2003年	±%	2004年	2003年	±%	2004年	2003年	±%
全国	**4577**	**4205**	**8.8**	**2180**	**1914**	**13.9**	**2397**	**2291**	**4.6**
北京	422	370	14.1	384	338	13.6	38	32	18.8
天津	476	435	9.4	70	70		406	365	11.2
河北	171	160	6.9	4	5	－20.0	167	155	7.7
山西	112	119	－5.9	15	14	7.1	97	105	－7.6
内蒙古	71	70	1.4	23	23		48	47	2.1
辽宁	130	126	3.2	10	12	－16.7	120	114	5.3
吉林	35	34	2.9	4	4		31	30	3.3
黑龙江	96	96		15	15		81	81	
上海	229	258	－11.2	180	200	－10.0	49	58	－15.5
江苏	887	655	35.4	826	602	37.2	61	53	15.1
浙江	146	117	24.8	113	91	24.2	33	26	26.9
安徽	52	50	4.0	33	28	17.9	19	22	－13.6
福建	22	28	－21.4	6	6		16	22	－27.3
江西	31	28	10.7	18	16	12.5	13	12	8.3
山东	228	230	－0.9	34	38	－10.5	194	192	1.0
河南	189	181	4.4	21	24	－12.5	168	157	7.0
湖北	101	111	－9.0	50	53	－5.7	51	58	－12.1
湖南	44	40	10.0	8	7	14.3	36	33	9.1
广东	233	211	10.4	165	158	4.4	68	53	28.3
广西	19	14	35.7	6	8	－25.0	13	6	116.7
海南	7	6	16.7	2	3	－33.3	5	3	66.7
重庆	191	174	9.8	53	50	6.0	138	124	11.3
四川	231	239	－3.3	17	22	－22.7	214	217	－1.4
贵州	41	40	2.5	16	17	－5.9	25	23	8.7
云南	62	68	－8.8	26	28	－7.1	36	40	－10.0
西藏	9	6	50.0		1	－100.0	9	5	80.0
陕西	121	111	9.0	28	26	7.7	93	85	9.4
甘肃	73	82	－11.0	17	20	－15.0	56	62	－9.7
青海	21	22	－4.5	11	12	－8.3	10	10	
宁夏	9	11	－18.2	2	2		7	9	－22.2
新疆	118	113	4.4	23	21	9.5	95	92	3.3

3－30　各地区限额以上港澳台商投资连锁餐饮企业门店数

（按登记注册类型分）

单位:个

地　区	合　计			直营店			加盟店		
	2004年	2003年	±%	2004年	2003年	±%	2004年	2003年	±%
全　国	**569**	**448**	**27.0**	**433**	**385**	**12.5**	**136**	**63**	**115.9**
北　京	65	46	41.3	62	45	37.8	3	1	200.0
天　津	19	17	11.8	14	12	16.7	5	5	
河　北	6	4	50.0	3	3		3	1	200.0
山　西									
内蒙古	5	3	66.7	1	1		4	2	100.0
辽　宁	18	15	20.0	11	9	22.2	7	6	16.7
吉　林	2			2					
黑龙江	12	8	50.0				12	8	50.0
上　海	158	128	23.4	158	128	23.4			
江　苏	1	1		1	1				
浙　江									
安　徽									
福　建	69	71	−2.8	65	71	−8.5	4		
江　西									
山　东									
河　南	1	1		1	1				
湖　北									
湖　南									
广　东	134	84	59.5	85	84	1.2	49		
广　西									
海　南									
重　庆	134	84	59.5	85	84	1.2	49		
四　川									
贵　州									
云　南									
西　藏									
陕　西									
甘　肃									
青　海									
宁　夏									
新　疆									

3—31 各地区限额以上外商投资连锁餐饮企业门店数

（按登记注册类型分）

单位：个

地区	合计			直营店			加盟店		
	2004年	2003年	±%	2004年	2003年	±%	2004年	2003年	±%
全国	**1822**	**1474**	**23.6**	**1746**	**1436**	**21.6**	**76**	**38**	**100.0**
北京	371	306	21.2	357	300	19.0	14	6	133.3
天津	84	76	10.5	82	75	9.3	2	1	100.0
河北	17	10	70.0	15	10	50.0	2		
山西	23	19	21.1	23	19	21.1			
内蒙古	5	2	150.0	5	2	150.0			
辽宁	92	73	26.0	89	73	21.9	3		
吉林	30	23	30.4	30	23	30.4			
黑龙江	36	30	20.0	36	30	20.0			
上海	133	108	23.1	129	108	19.4	4		
江苏	163	138	18.1	161	138	16.7	2		
浙江	151	114	32.5	150	114	31.6	1		
安徽	33	28	17.9	33	28	17.9			
福建	70	65	7.7	70	65	7.7			
江西	2	2		2	2				
山东	79	67	17.9	79	67	17.9			
河南	2	1	100.0	1	1		1		
湖北	74	71	4.2	74	71	4.2			
湖南	53	37	43.2	53	37	43.2			
广东	293	221	32.6	292	221	32.1	1		
广西									
海南	4	4		4	4				
重庆	1			1					
四川	76	59	28.8	34	28	21.4	42	31	35.5
贵州	4	3	33.3	4	3	33.3			
云南	14	13	7.7	13	13		1		
西藏	1						1		
陕西	2			1			1		
甘肃									
青海									
宁夏									
新疆	9	4	125.0	8	4	100.0	1		

3—32 各地区限额以上连锁餐饮企业营业面积

（按业态分）

单位：平方米

地　区	2004年	2003年	±%	正　餐			快　餐		
				2004年	2003年	±%	2004年	2003年	±%
全　国	**3465846**	**3045955**	**13.8**	**2397799**	**2140225**	**12.0**	**1006595**	**853250**	**18.0**
北　京	392245	318455	23.2	197308	162869	21.1	186021	148154	25.6
天　津	111150	98585	12.7	22771	24987	−8.9	73329	59435	23.4
河　北	4180	4540	−7.9	2180	2180		2000	2360	−15.3
山　西	46375	45775	1.3	40099	40599	−1.2	6276	5176	21.3
内蒙古	372181	339060	9.8	372181	339060	9.8			
辽　宁	200483	181252	10.6	132500	124500	6.4	67983	56752	19.8
吉　林	3300	3300		3300	3300				
黑龙江	5295	5275	0.4	4295	4275	0.5	1000	1000	
上　海	228435	216798	5.4	84517	76051	11.1	143477	139873	2.6
江　苏	115720	90295	28.2	20000	13450	48.7	94050	75685	24.3
浙　江	161150	125619	28.3	83020	64870	28.0	68630	53499	28.3
安　徽	111535	98994	12.7	106018	94478	12.2	5517	4516	22.2
福　建	33098	28600	15.7	7068	3340	111.6	23140	21740	6.4
江　西	41600	38700	7.5	39100	36000	8.6	2500	2700	−7.4
山　东	94889	84214	12.7	60177	53590	12.3	34712	30624	13.3
河　南	12127	10067	20.5	12127	10067	20.5			
湖　北	233219	210350	10.9	195150	176600	10.5	38069	33750	12.8
湖　南	39927	28552	39.8	16780	10580	58.6	23147	17972	28.8
广　东	242252	210055	15.3	59139	55462	6.6	160572	136832	17.3
广　西									
海　南	1300	1300		1300	1300				
重　庆	822281	715496	14.9	818921	713196	14.8	3360	2300	46.1
四　川	55157	50463	9.3	17120	19370	−11.6	38037	31093	22.3
贵　州	12409	10909	13.8	12409	10909	13.8			
云　南	46584	64416	−27.7	27100	45900	−41.0	19484	18516	5.2
西　藏									
陕　西	37936	28936	31.1	37936	28936	31.1			
甘　肃	15983	14056	13.7	15983	14056	13.7			
青　海	5944	6820	−12.8	5500	6500	−15.4			
宁　夏									
新　疆	19091	15073	26.7	3800	3800		15291	11273	35.6

3—33　各地区限额以上直营连锁餐饮企业营业面积

（按业态分）

单位:平方米

地　区	2004年	2003年	±%	正　餐			快　餐		
				2004年	2003年	±%	2004年	2003年	±%
全　国	**2029653**	**1798667**	**12.8**	**1047867**	**952254**	**10.0**	**937804**	**805966**	**16.4**
北　京	321391	270314	18.9	140880	117366	20.0	171595	145516	17.9
天　津	94815	84093	12.8	20820	21620	−3.7	63893	52383	22.0
河　北	4180	4540	−7.9	2180	2180		2000	2360	−15.3
山　西	43375	42275	2.6	37099	37099		6276	5176	21.3
内蒙古	45181	26060	73.4	45181	26060	73.4			
辽　宁	100883	84952	18.8	32900	28200	16.7	67983	56752	19.8
吉　林	3300	3300		3300	3300				
黑龙江	3579	3559	0.6	2579	2559	0.8	1000	1000	
上　海	214222	200730	6.7	84517	76051	11.1	129264	123805	4.4
江　苏	110770	88075	25.8	18800	12960	45.1	90500	74155	22.0
浙　江	156370	120789	29.5	78740	60590	30.0	68630	53499	28.3
安　徽	105535	98994	6.6	100018	94478	5.9	5517	4516	22.2
福　建	32462	28600	13.5	6432	3340	92.6	23140	21740	6.4
江　西	24100	21200	13.7	21600	18500	16.8	2500	2700	−7.4
山　东	83559	81044	3.1	48847	50420	−3.1	34712	30624	13.3
河　南	9727	9917	−1.9	9727	9917	−1.9			
湖　北	179469	151050	18.8	141400	117300	20.5	38069	33750	12.8
湖　南	32427	26552	22.1	9280	8580	8.2	23147	17972	28.8
广　东	219360	191232	14.7	48069	43849	9.6	160572	136832	17.3
广　西									
海　南	1300	1300		1300	1300				
重　庆	107010	138554	−22.8	105490	137114	−23.1	1520	1440	5.6
四　川	34831	30767	13.2	10520	9570	9.9	24311	21197	14.7
贵　州	12409	10909	13.8	12409	10909	13.8			
云　南	19284	20276	−4.9	8000	8400	−4.8	11284	11876	−5.0
西　藏									
陕　西	37936	28936	31.1	37936	28936	31.1			
甘　肃	10543	11356	−7.2	10543	11356	−7.2			
青　海	5944	6820	−12.8	5500	6500	−15.4			
宁　夏									
新　疆	15691	12473	25.8	3800	3800		11891	8673	37.1

3—34　各地区限额以上加盟连锁餐饮企业营业面积

（按业态分）

单位：平方米

地　区	2004年	2003年	±%	正餐			快餐		
				2004年	2003年	±%	2004年	2003年	±%
全　国	**1436193**	**1247288**	**15.1**	**1349932**	**1187971**	**13.6**	**68791**	**47284**	**45.5**
北　京	70854	48141	47.2	56428	45503	24.0	14426	2638	446.9
天　津	16335	14492	12.7	1951	3367	—42.1	9436	7052	33.8
河　北									
山　西	3000	3500	—14.3	3000	3500	—14.3			
内蒙古	327000	313000	4.5	327000	313000	4.5			
辽　宁	99600	96300	3.4	99600	96300	3.4			
吉　林									
黑龙江	1716	1716		1716	1716				
上　海	14213	16068	—11.5				14213	16068	—11.5
江　苏	4950	2220	123.0	1200	490	144.9	3550	1530	132.0
浙　江	4780	4830	—1.0	4280	4280				
安　徽	6000			6000					
福　建	636			636					
江　西	17500	17500		17500	17500				
山　东	11330	3170	257.4	11330	3170	257.4			
河　南	2400	150	1500.0	2400	150	1500.0			
湖　北	53750	59300	—9.4	53750	59300	—9.4			
湖　南	7500	2000	275.0	7500	2000	275.0			
广　东	22892	18823	21.6	11070	11613	—4.7			
广　西									
海　南									
重　庆	715271	576942	24.0	713431	576082	23.8	1840	860	114.0
四　川	20326	19696	3.2	6600	9800	—32.7	13726	9896	38.7
贵　州									
云　南	27300	44140	—38.2	19100	37500	—49.1	8200	6640	23.5
西　藏									
陕　西									
甘　肃	5440	2700	101.5	5440	2700	101.5			
青　海									
宁　夏									
新　疆	3400	2600	30.8				3400	2600	30.8

3—35 各地区限额以上连锁餐饮企业从业人员

（按业态分）

单位：人

地区	2004年	2003年	±%	正餐			快餐		
				2004年	2003年	±%	2004年	2003年	±%
全国	**341761**	**305491**	**11.9**	**190543**	**182812**	**4.2**	**145103**	**117239**	**23.8**
北京	42342	34830	21.6	18030	15591	15.6	23597	18664	26.4
天津	10202	8672	17.6	1328	1410	−5.8	7119	5581	27.6
河北	203	215	−5.6	169	163	3.7	34	52	−34.6
山西	3369	3562	−5.4	3300	3493	−5.5	69	69	
内蒙古	46221	45821	0.9	46221	45821	0.9			
辽宁	19622	17818	10.1	7498	7230	3.7	12124	10588	14.5
吉林	190	150	26.7	190	150	26.7			
黑龙江	717	380	88.7	616	260	136.9	101	120	−15.8
上海	28737	26692	7.7	7300	6200	17.7	21384	20439	4.6
江苏	20733	16382	26.6	3000	2225	34.8	16891	13537	24.8
浙江	17165	13504	27.1	5061	4618	9.6	11381	8370	36.0
安徽	5632	5024	12.1	4854	4263	13.9	778	761	2.2
福建	2906	2573	12.9	757	560	35.2	1984	1811	9.6
江西	3075	2806	9.6	2774	2526	9.8	301	280	7.5
山东	7609	6842	11.2	2050	1642	24.8	5559	5200	6.9
河南	1107	1042	6.2	1107	1042	6.2			
湖北	17770	17000	4.5	12217	12181	0.3	5553	4819	15.2
湖南	4068	2975	36.7	975	731	33.4	3093	2244	37.8
广东	34712	25478	36.2	4784	4682	2.2	28156	19133	47.2
广西									
海南	50	50		50	50				
重庆	57639	54972	4.9	57388	54812	4.7	251	160	56.9
四川	6047	5625	7.5	2885	3050	−5.4	3162	2575	22.8
贵州	1375	1278	7.6	1375	1278	7.6			
云南	3751	6488	−42.2	1521	4516	−66.3	2230	1972	13.1
西藏									
陕西	3098	2606	18.9	3098	2606	18.9			
甘肃	1706	1477	15.5	1706	1477	15.5			
青海	310	330	−6.1	220	200	10.0			
宁夏									
新疆	1405	899	56.3	69	35	97.1	1336	864	54.6

3—36 各地区限额以上直营连锁餐饮企业从业人员

（按业态分）

单位：人

地区	2004年	2003年	±%	正餐			快餐		
				2004年	2003年	±%	2004年	2003年	±%
全国	**218708**	**192374**	**13.7**	**74682**	**75137**	**−0.6**	**139705**	**113425**	**23.2**
北京	37097	31356	18.3	13770	12280	12.1	22612	18501	22.2
天津	8733	7382	18.3	1228	1284	−4.4	6821	5374	26.9
河北	203	215	−5.6	169	163	3.7	34	52	−34.6
山西	2867	2984	−3.9	2798	2915	−4.0	69	69	
内蒙古	3698	5476	−32.5	3698	5476	−32.5			
辽宁	13822	12218	13.1	1698	1630	4.2	12124	10588	14.5
吉林	190	150	26.7	190	150	26.7			
黑龙江	490	286	71.3	389	166	134.3	101	120	−15.8
上海	27239	25089	8.6	7300	6200	17.7	19886	18836	5.6
江苏	20218	16077	25.8	2820	2155	30.9	16581	13327	24.4
浙江	16782	13101	28.1	4764	4301	10.8	11381	8370	36.0
安徽	5222	5024	3.9	4444	4263	4.2	778	761	2.2
福建	2796	2573	8.7	647	560	15.5	1984	1811	9.6
江西	1864	1530	21.8	1563	1250	25.0	301	280	7.5
山东	6827	6627	3.0	1268	1427	−11.1	5559	5200	6.9
河南	948	1027	−7.7	948	1027	−7.7			
湖北	13419	12721	5.5	7866	7902	−0.5	5553	4819	15.2
湖南	3748	2895	29.5	655	651	0.6	3093	2244	37.8
广东	33228	24080	38.0	3912	3844	1.8	28156	19133	47.2
广西									
海南	50	50		50	50				
重庆	7270	10808	−32.7	7165	10708	−33.1	105	100	5.0
四川	3262	2996	8.9	1215	1177	3.2	2047	1819	12.5
贵州	1375	1278	7.6	1375	1278	7.6			
云南	1765	1829	−3.5	361	477	−24.3	1404	1352	3.8
西藏									
陕西	3098	2606	18.9	3098	2606	18.9			
甘肃	1002	962	4.2	1002	962	4.2			
青海	310	330	−6.1	220	200	10.0			
宁夏									
新疆	1185	704	68.3	69	35	97.1	1116	669	66.8

3—37　各地区限额以上加盟连锁餐饮企业从业人员

（按业态分）

单位：人

地区	2004年	2003年	±%	正餐			快餐		
				2004年	2003年	±%	2004年	2003年	±%
全　国	**123053**	**113117**	**8.8**	**115861**	**107675**	**7.6**	**5398**	**3814**	**41.5**
北　京	5245	3474	51.0	4260	3311	28.7	985	163	504.3
天　津	1469	1290	13.9	100	126	−20.6	298	207	44.0
河　北									
山　西	502	578	−13.1	502	578	−13.1			
内蒙古	42523	40345	5.4	42523	40345	5.4			
辽　宁	5800	5600	3.6	5800	5600	3.6			
吉　林									
黑龙江	227	94	141.5	227	94	141.5			
上　海	1498	1603	−6.6				1498	1603	−6.6
江　苏	515	305	68.9	180	70	157.1	310	210	47.6
浙　江	383	403	−5.0	297	317	−6.3			
安　徽	410			410					
福　建	110			110					
江　西	1211	1276	−5.1	1211	1276	−5.1			
山　东	782	215	263.7	782	215	263.7			
河　南	159	15	960.0	159	15	960.0			
湖　北	4351	4279	1.7	4351	4279	1.7			
湖　南	320	80	300.0	320	80	300.0			
广　东	1484	1398	6.2	872	838	4.1			
广　西									
海　南									
重　庆	50369	44164	14.0	50223	44104	13.9	146	60	143.3
四　川	2785	2629	5.9	1670	1873	−10.8	1115	756	47.5
贵　州									
云　南	1986	4659	−57.4	1160	4039	−71.3	826	620	33.2
西　藏									
陕　西									
甘　肃	704	515	36.7	704	515	36.7			
青　海									
宁　夏									
新　疆	220	195	12.8				220	195	12.8

3—38 各地区限额以上连锁餐饮企业营业收入

（按业态分）

单位：万元

地区	2004年	2003年	±%	正餐			快餐		
				2004年	2003年	±%	2004年	2003年	±%
全国	**3997191**	**2569981**	**55.5**	**1546257**	**1193908**	**29.5**	**2351097**	**1298334**	**81.1**
北京	492007	386639	27.3	212651	159717	33.1	267334	218820	22.2
天津	111394	91922	21.2	17299	15338	12.8	59358	47972	23.7
河北	1174	1063	10.4	972	860	13.0	202	203	—0.5
山西	35176	27355	28.6	19645	16687	17.7	15531	10668	45.6
内蒙古	435288	354983	22.6	435288	354983	22.6			
辽宁	178926	157247	13.8	44253	40151	10.2	134674	117097	15.0
吉林	1670	1111	50.3	1670	1111	50.3			
黑龙江	2373	2171	9.3	2142	1902	12.6	231	269	—14.1
上海	316138	263341	20.0	88576	74965	18.2	227355	188128	20.9
江苏	218361	166316	31.3	22464	14092	59.4	186965	146772	27.4
浙江	207835	162057	28.2	44546	36975	20.5	153117	117668	30.1
安徽	39379	30617	28.6	31079	24493	26.9	8300	6123	35.6
福建	47572	56115	—15.2	5879	4062	44.7	40777	51032	—20.1
江西	15140	14073	7.6	14492	13417	8.0	648	655	—1.1
山东	81930	65110	25.8	16121	12184	32.3	65808	52926	24.3
河南	4864	4018	21.1	4864	4018	21.1			
湖北	146177	139987	4.4	84107	86142	—2.4	62070	53845	15.3
湖南	36658	27316	34.2	2475	1242	99.3	34183	26074	31.1
广东	1130292	297148	280.4	70147	63107	11.2	1027664	207495	395.3
广西									
海南	294	222	32.4	294	222	32.4			
重庆	371523	217990	70.4	370201	217305	70.4	1322	685	93.0
四川	41757	30488	37.0	9510	3507	171.2	32247	26981	19.5
贵州	11379	10595	7.4	11379	10595	7.4			
云南	31141	32618	—4.5	9488	15440	—38.5	21652	17177	26.1
西藏									
陕西	14933	10664	40.0	14933	10664	40.0			
甘肃	8946	8541	4.7	8946	8541	4.7			
青海	2165	2058	5.2	1796	1714	4.8			
宁夏									
新疆	12699	8221	54.5	1039	477	117.8	11659	7744	50.6

3—39 各地区限额以上直营连锁餐饮企业营业收入

（按业态分）

单位:万元

地区	2004年	2003年	±%	正餐			快餐		
				2004年	2003年	±%	2004年	2003年	±%
全国	**3050190**	**1917627**	**59.1**	**681520**	**605008**	**12.6**	**2307396**	**1267222**	**82.1**
北京	457585	361389	26.6	183497	136646	34.3	262066	216642	21.0
天津	82826	68413	21.1	12922	11316	14.2	50460	42449	18.9
河北	1174	1063	10.4	972	860	13.0	202	203	−0.5
山西	32991	25407	29.9	17460	14739	18.5	15531	10668	45.6
内蒙古	30621	71975	−57.5	30621	71975	−57.5			
辽宁	151703	135208	12.2	17030	18112	−6.0	134674	117097	15.0
吉林	1670	1111	50.3	1670	1111	50.3			
黑龙江	1578	1445	9.2	1347	1176	14.5	231	269	−14.1
上海	302726	251563	20.3	88576	74965	18.2	213943	176350	21.3
江苏	215713	165322	30.5	20909	13660	53.1	185975	146300	27.1
浙江	206713	160890	28.5	43546	35972	21.1	153117	117668	30.1
安徽	36319	30617	18.6	28019	24493	14.4	8300	6123	35.6
福建	47486	56115	−15.4	5793	4062	42.6	40777	51032	−20.1
江西	9777	8490	15.2	9129	7834	16.5	648	655	−1.1
山东	79337	64883	22.3	13528	11957	13.1	65808	52926	24.3
河南	4612	3996	15.4	4612	3996	15.4			
湖北	128248	113324	13.2	66178	59479	11.3	62070	53845	15.3
湖南	35758	27116	31.9	1575	1042	51.2	34183	26074	31.1
广东	1094628	267087	309.8	57528	51171	12.4	1027664	207495	395.3
广西									
海南	294	222	32.4	294	222	32.4			
重庆	34698	26305	31.9	33968	25840	31.5	730	465	57.0
四川	29613	23730	24.8	3750	2224	68.6	25863	21506	20.3
贵州	11379	10595	7.4	11379	10595	7.4			
云南	17314	14100	22.8	2138	1787	19.6	15175	12313	23.2
西藏									
陕西	14933	10664	40.0	14933	10664	40.0			
甘肃	7309	6921	5.6	7309	6921	5.6			
青海	2165	2058	5.2	1796	1714	4.8			
宁夏									
新疆	11019	7621	44.6	1039	477	117.8	9979	7144	39.7

3－40　各地区限额以上加盟连锁餐饮企业营业收入

（按业态分）

单位：万元

地区	2004年	2003年	±%	正餐			快餐		
				2004年	2003年	±%	2004年	2003年	±%
全　国	**947001**	**652354**	**45.2**	**864737**	**588900**	**46.8**	**43701**	**31111**	**40.5**
北　京	34422	25250	36.3	29154	23071	26.4	5268	2178	141.9
天　津	28568	23509	21.5	4377	4022	8.8	8898	5523	61.1
河　北									
山　西	2185	1948	12.2	2185	1948	12.2			
内蒙古	404667	283008	43.0	404667	283008	43.0			
辽　宁	27223	22039	23.5	27223	22039	23.5			
吉　林									
黑龙江	795	726	9.5	795	726	9.5			
上　海	13412	11778	13.9				13412	11778	13.9
江　苏	2648	994	166.4	1555	432	260.0	990	472	109.7
浙　江	1122	1167	－3.9	1000	1003	－0.3			
安　徽	3060			3060					
福　建	86			86					
江　西	5363	5583	－3.9	5363	5583	－3.9			
山　东	2593	227	1042.3	2593	227	1042.3			
河　南	252	22	1045.5	252	22	1045.5			
湖　北	17929	26663	－32.8	17929	26663	－32.8			
湖　南	900	200	350.0	900	200	350.0			
广　东	35664	30061	18.6	12619	11936	5.7			
广　西									
海　南									
重　庆	336825	191685	75.7	336233	191465	75.6	592	220	169.1
四　川	12144	6758	79.7	5760	1283	348.9	6384	5475	16.6
贵　州									
云　南	13827	18518	－25.3	7350	13653	－46.2	6477	4864	33.2
西　藏									
陕　西									
甘　肃	1637	1620	1.0	1637	1620	1.0			
青　海									
宁　夏									
新　疆	1680	600	180.0				1680	600	180.0

3—41 各地区限额以上连锁餐饮企业零售额

（按业态分）

单位：万元

地 区	2004年	2003年	±%	正餐			快餐		
				2004年	2003年	±%	2004年	2003年	±%
全 国	**3965040**	**2552373**	**55.3**	**1527293**	**1186191**	**28.8**	**2348857**	**1296304**	**81.2**
北 京	479447	384539	24.7	201991	159280	26.8	265435	217156	22.2
天 津	100447	84060	19.5	17299	15338	12.8	59358	47972	23.7
河 北	1064	978	8.8	861	776	11.0	202	203	—0.5
山 西	31724	24951	27.1	16193	14283	13.4	15531	10668	45.6
内蒙古	435288	354983	22.6	435288	354983	22.6			
辽 宁	178926	157247	13.8	44253	40151	10.2	134674	117097	15.0
吉 林	1670	1111	50.3	1670	1111	50.3			
黑龙江	2373	2171	9.3	2142	1902	12.6	231	269	—14.1
上 海	315797	262976	20.1	88576	74965	18.2	227014	187762	20.9
江 苏	218361	166316	31.3	22464	14092	59.4	186965	146772	27.4
浙 江	207835	162057	28.2	44546	36975	20.5	153117	117668	30.1
安 徽	37399	28551	31.0	29099	22427	29.7	8300	6123	35.6
福 建	47572	56115	—15.2	5879	4062	44.7	40777	51032	—20.1
江 西	15140	14073	7.6	14492	13417	8.0	648	655	—1.1
山 东	79287	62475	26.9	13478	9549	41.1	65808	52926	24.3
河 南	4864	4017	21.1	4864	4017	21.1			
湖 北	146177	139987	4.4	84107	86142	—2.4	62070	53845	15.3
湖 南	36658	27316	34.2	2475	1242	99.3	34183	26074	31.1
广 东	1130292	297148	280.4	70147	63107	11.2	1027664	207495	395.3
广 西									
海 南	294	222	32.4	294	222	32.4			
重 庆	371523	217990	70.4	370201	217305	70.4	1322	685	93.0
四 川	41757	30488	37.0	9510	3507	171.2	32247	26981	19.5
贵 州	11379	10595	7.4	11379	10595	7.4			
云 南	31141	32618	—4.5	9488	15440	—38.5	21652	17177	26.1
西 藏									
陕 西	14814	10575	40.1	14814	10575	40.1			
甘 肃	8946	8541	4.7	8946	8541	4.7			
青 海	2165	2058	5.2	1796	1714	4.8			
宁 夏									
新 疆	12699	8221	54.5	1039	477	117.8	11659	7744	50.6

3—42 各地区限额以上直营连锁餐饮企业零售额

（按业态分）

单位：万元

地区	2004年	2003年	±%	正餐			快餐		
				2004年	2003年	±%	2004年	2003年	±%
全国	**3025697**	**1906634**	**58.7**	**664741**	**599240**	**10.9**	**2305194**	**1265193**	**82.2**
北京	445064	359289	23.9	172837	136209	26.9	260205	214978	21.0
天津	77314	65217	18.5	12922	11316	14.2	50460	42449	18.9
河北	1064	978	8.8	861	776	11.0	202	203	－0.5
山西	31724	24951	27.1	16193	14283	13.4	15531	10668	45.6
内蒙古	30621	71975	－57.5	30621	71975	－57.5			
辽宁	151703	135208	12.2	17030	18112	－6.0	134674	117097	15.0
吉林	1670	1111	50.3	1670	1111	50.3			
黑龙江	1578	1445	9.2	1347	1176	14.5	231	269	－14.1
上海	302385	251198	20.4	88576	74965	18.2	213602	175984	21.4
江苏	215713	165322	30.5	20909	13660	53.1	185975	146300	27.1
浙江	206713	160890	28.5	43546	35972	21.1	153117	117668	30.1
安徽	34339	28551	20.3	26039	22427	16.1	8300	6123	35.6
福建	47486	56115	－15.4	5793	4062	42.6	40777	51032	－20.1
江西	9777	8490	15.2	9129	7834	16.5	648	655	－1.1
山东	76694	62248	23.2	10885	9322	16.8	65808	52926	24.3
河南	4612	3995	15.4	4612	3995	15.4			
湖北	128248	113324	13.2	66178	59479	11.3	62070	53845	15.3
湖南	35758	27116	31.9	1575	1042	51.2	34183	26074	31.1
广东	1094628	267087	309.8	57528	51171	12.4	1027664	207495	395.3
广西									
海南	294	222	32.4	294	222	32.4			
重庆	34698	26305	31.9	33968	25840	31.5	730	465	57.0
四川	29613	23730	24.8	3750	2224	68.6	25863	21506	20.3
贵州	11379	10595	7.4	11379	10595	7.4			
云南	17314	14100	22.8	2138	1787	19.6	15175	12313	23.2
西藏									
陕西	14814	10575	40.1	14814	10575	40.1			
甘肃	7309	6921	5.6	7309	6921	5.6			
青海	2165	2058	5.2	1796	1714	4.8			
宁夏									
新疆	11019	7621	44.6	1039	477	117.8	9979	7144	39.7

3—43 各地区限额以上加盟连锁餐饮企业零售额

（按业态分）

单位：万元

地区	2004年	2003年	±%	正餐			快餐		
				2004年	2003年	±%	2004年	2003年	±%
全国	**939343**	**645739**	**45.5**	**862552**	**586951**	**47.0**	**43663**	**31111**	**40.3**
北京	34383	25250	36.2	29154	23071	26.4	5230	2178	140.1
天津	23133	18843	22.8	4377	4022	8.8	8898	5523	61.1
河北									
山西									
内蒙古	404667	283008	43.0	404667	283008	43.0			
辽宁	27223	22039	23.5	27223	22039	23.5			
吉林									
黑龙江	795	726	9.5	795	726	9.5			
上海	13412	11778	13.9				13412	11778	13.9
江苏	2648	994	166.4	1555	432	260.0	990	472	109.7
浙江	1122	1167	—3.9	1000	1003	—0.3			
安徽	3060			3060					
福建	86			86					
江西	5363	5583	—3.9	5363	5583	—3.9			
山东	2593	227	1042.3	2593	227	1042.3			
河南	252	22	1045.5	252	22	1045.5			
湖北	17929	26663	—32.8	17929	26663	—32.8			
湖南	900	200	350.0	900	200	350.0			
广东	35664	30061	18.6	12619	11936	5.7			
广西									
海南									
重庆	336825	191685	75.7	336233	191465	75.6	592	220	169.1
四川	12144	6758	79.7	5760	1283	348.9	6384	5475	16.6
贵州									
云南	13827	18518	—25.3	7350	13653	—46.2	6477	4864	33.2
西藏									
陕西									
甘肃	1637	1620	1.0	1637	1620	1.0			
青海									
宁夏									
新疆	1680	600	180.0				1680	600	180.0

3－44　各地区限额以上直营连锁餐饮企业统一配送比重

（按业态分）

单位：%

地　区	2004年	2003年	正　餐		快　餐	
			2004年	2003年	2004年	2003年
全　国	**87.5**	**82.5**	**62.0**	**61.0**	**95.5**	**93.3**
北　京	75.5	75.7	58.1	54.3	90.8	92.1
天　津	95.0	93.7	97.7	90.8	94.8	95.2
河　北	17.2	19.1			100.0	100.0
山　西	15.9	17.9	29.1	30.2	1.0	1.0
内蒙古	74.0	78.6	74.0	78.6		
辽　宁	90.5	88.1	15.8	10.9	100.0	100.0
吉　林	100.0	100.0	100.0	100.0		
黑龙江	23.1	21.9	27.0	26.9		
上　海	99.9	99.9	100.0	100.0	100.0	100.0
江　苏	93.8	95.3	70.0	87.5	96.2	95.9
浙　江	92.3	89.5	79.0	72.4	95.6	94.1
安　徽	65.9	67.7	56.5	59.6	97.3	100.0
福　建	88.9	93.3	12.7	12.1	99.7	99.9
江　西						
山　东	85.1	83.0	12.8	7.8	100.0	100.0
河　南	80.3	17.5	80.3	17.5		
湖　北	39.1	37.5	19.6	18.4	59.9	58.5
湖　南	98.6	98.7	69.3	66.5	100.0	100.0
广　东	99.2	96.9	100.0	100.0	99.6	98.1
广　西						
海　南						
重　庆	59.4	51.2	60.7	52.1		
四　川	43.8	44.8		6.0	50.1	48.8
贵　州						
云　南	78.8	78.3	100.0	100.0	75.8	75.1
西　藏						
陕　西	90.8	90.5	90.8	90.5		
甘　肃	31.3	31.1	31.3	31.1		
青　海	11.9	11.7				
宁　夏						
新　疆	100.0	100.0	100.0	100.0	100.0	100.0

3－45　各地区限额以上直营连锁餐饮企业自有配送比重

（按业态分）

单位：%

地　区	2004 年	2003 年	正　餐		快　餐	
			2004 年	2003 年	2004 年	2003 年
全　国	**71.1**	**60.3**	**47.1**	**45.9**	**78.2**	**66.8**
北　京	43.7	43.3	31.9	28.4	54.0	54.4
天　津	60.2	56.3	85.0	77.0	41.0	38.7
河　北	17.2	19.1			100.0	100.0
山　西	15.9	17.9	29.1	30.2	1.0	1.0
内蒙古	53.7	57.0	53.7	57.0		
辽　宁	90.4	87.9	15.8	10.9	99.8	99.8
吉　林	100.0	100.0	100.0	100.0		
黑龙江	23.1	21.9	27.0	26.9		
上　海	70.5	70.7	68.4	65.9	71.4	72.8
江　苏	78.4	78.9	30.0	46.7	82.8	81.1
浙　江	92.0	89.3	79.0	72.4	95.2	93.8
安　徽	57.5	57.3	45.7	46.6	97.3	100.0
福　建	86.4	76.3	12.7	12.1	96.9	81.4
江　西						
山　东	85.1	83.0	12.8	7.8	100.0	100.0
河　南	80.3	17.5	80.3	17.5		
湖　北	38.2	36.4	19.5	18.0	58.2	56.8
湖　南	98.0	97.8	53.8	43.2	100.0	100.0
广　东	82.3	41.2	100.0	100.0	81.5	26.5
广　西						
海　南						
重　庆	52.1	46.5	53.2	47.3		
四　川	40.3	41.6		6.0	46.2	45.2
贵　州						
云　南	77.4	76.8	92.7	94.1	75.3	74.3
西　藏						
陕　西	69.3	66.8	69.3	66.8		
甘　肃	30.6	30.3	30.6	30.3		
青　海	11.9	11.7				
宁　夏						
新　疆	100.0	100.0	100.0	100.0	100.0	100.0

3—46 各地区限额以上直营连锁餐饮企业非自有配送比重

（按业态分）

单位：%

地区	2004年	2003年	正餐		快餐	
			2004年	2003年	2004年	2003年
全国	**16.4**	**22.3**	**14.9**	**15.1**	**17.3**	**26.5**
北京	31.8	32.4	26.2	25.9	36.8	37.7
天津	34.8	37.3	12.8	13.8	53.8	56.5
河北						
山西						
内蒙古	20.4	21.6	20.4	21.6		
辽宁						
吉林						
黑龙江						
上海	29.5	29.2	31.6	34.1	28.6	27.2
江苏	15.4	16.4	40.0	40.8	13.4	14.7
浙江	0.3	0.2			0.4	0.3
安徽	8.4	10.4	10.9	13.0		
福建	2.5	17.0			2.8	18.5
江西						
山东						
河南						
湖北	0.9	1.0	0.1	0.4	1.6	1.7
湖南	0.7	0.9	15.5	23.3		
广东	16.9	55.7			18.0	71.7
广西						
海南						
重庆	7.3	4.7	7.5	4.8		
四川	3.4	3.3			3.9	3.6
贵州						
云南	1.4	1.5	7.3	5.9	0.6	0.8
西藏						
陕西	21.6	23.8	21.6	23.8		
甘肃	0.8	0.9	0.8	0.9		
青海						
宁夏						
新疆						

3—47 各地区限额以上加盟连锁餐饮企业统一配送比重

（按业态分）

单位：%

地 区	2004年	2003年	正 餐		快 餐	
			2004年	2003年	2004年	2003年
全 国	**33.5**	**33.0**	**32.5**	**31.9**	**69.0**	**76.7**
北 京	4.6	3.4			30.0	39.0
天 津						
河 北						
山 西	100.0	100.0	100.0	100.0		
内蒙古	20.0	20.0	20.0	20.0		
辽 宁						
吉 林						
黑龙江	20.0	20.0	20.0	20.0		
上 海	100.0	100.0			100.0	100.0
江 苏	71.5	64.3	70.0	67.0	73.5	60.4
浙 江	10.9	14.1				
安 徽	19.0		19.0			
福 建						
江 西						
山 东	100.0	100.0	100.0	100.0		
河 南						
湖 北	0.4		0.4			
湖 南						
广 东	51.1	50.5	98.1	96.8		
广 西						
海 南						
重 庆	53.3	58.0	53.4	58.1		
四 川	57.3	82.3	10.0	6.8	100.0	100.0
贵 州						
云 南	49.2	55.8	6.2	40.1	98.0	100.0
西 藏						
陕 西						
甘 肃	12.0	20.0	12.0	20.0		
青 海						
宁 夏						
新 疆	100.0	100.0			100.0	100.0

3—48 各地区限额以上加盟连锁餐饮企业自有配送比重

（按业态分）

单位：%

地区	2004年	2003年	正餐		快餐	
			2004年	2003年	2004年	2003年
全国	**20.3**	**20.6**	**19.8**	**20.4**	**33.9**	**34.3**
北京	4.6	3.4			30.0	39.0
天津						
河北						
山西	100.0	100.0	100.0	100.0		
内蒙古	16.0	16.0	16.0	16.0		
辽宁						
吉林						
黑龙江	20.0	20.0	20.0	20.0		
上海	30.6	30.5			30.6	30.5
江苏	35.5	51.4	30.0	66.7	45.1	39.6
浙江	10.9	14.1				
安徽	19.0		19.0			
福建						
江西						
山东	100.0	100.0	100.0	100.0		
河南						
湖北	0.4		0.4			
湖南						
广东	51.1	50.5	98.1	96.8		
广西						
海南						
重庆	25.7	28.6	25.8	28.6		
四川	12.6	13.4	10.0	6.8	15.0	15.0
贵州						
云南	46.4	54.4	5.1	40.0	93.2	95.0
西藏						
陕西						
甘肃	12.0	20.0	12.0	20.0		
青海						
宁夏						
新疆	100.0	100.0			100.0	100.0

3—49 各地区限额以上加盟连锁餐饮企业非自有配送比重

（按业态分）

单位：%

地区	2004年	2003年	正餐		快餐	
			2004年	2003年	2004年	2003年
全国	**13.2**	**12.4**	**12.7**	**11.5**	**35.1**	**42.4**
北京						
天津						
河北						
山西						
内蒙古	4.0	4.0	4.0	4.0		
辽宁						
吉林						
黑龙江						
上海	69.4	69.5			69.4	69.5
江苏	36.1	12.9	40.0	0.3	28.4	20.7
浙江						
安徽						
福建						
江西						
山东						
河南						
湖北						
湖南						
广东						
广西						
海南						
重庆	27.5	29.4	27.6	29.5		
四川	44.7	68.9			85.0	85.0
贵州						
云南	2.9	1.4	1.1	0.1	4.8	5.0
西藏						
陕西						
甘肃						
青海						
宁夏						
新疆						

3—50 各地区限额以上连锁餐饮企业利润总额

（按业态分）

单位:万元

地 区	2004年	2003年	±%	正餐			快餐		
				2004年	2003年	±%	2004年	2003年	±%
全 国	**247166**	**196219**	**26.0**	**111073**	**78984**	**40.6**	**132874**	**115229**	**15.3**
北 京	25810	24118	7.0	10365	5976	73.4	14861	18022	－17.5
天 津	4596	3478	32.1	408	228	78.9	2717	2036	33.4
河 北	25	27	－7.4	25	27	－7.4			
山 西	3287	2926	12.3	1035	702	47.4	2253	2223	1.3
内蒙古	64981	43436	49.6	64981	43436	49.6			
辽 宁	19189	16272	17.9	6236	5595	11.5	12953	10677	21.3
吉 林	14	－33		14	－33				
黑龙江	－4	－184		－29	－216		25	32	－21.9
上 海	23740	24230	－2.0	10541	11794	－10.6	13207	12461	6.0
江 苏	29763	24990	19.1	1323	1129	17.2	28081	23677	18.6
浙 江	30618	25441	20.3	2967	2326	27.6	26896	22451	19.8
安 徽	213	287	－25.8	381	855	－55.4	－167	－568	
福 建	2169	14	15392.9	292	－142		1874	150	1149.3
江 西	1791	1638	9.3	1730	1559	11.0	60	80	－25.0
山 东	8735	6751	29.4	829	733	13.1	7906	6017	31.4
河 南	97	55	76.4	97	55	76.4			
湖 北	103	－1204		－801	－1060		904	－144	
湖 南	3908	3106	25.8	95	85	11.8	3813	3022	26.2
广 东	17673	15379	14.9	2144	1018	110.6	15515	14535	6.7
广 西									
海 南	20	17	17.6	20	17	17.6			
重 庆	6659	4047	64.5	6633	4024	64.8	26	23	13.0
四 川	1184	60	1873.3	535	37	1345.9	649	23	2721.7
贵 州	155	190	－18.4	155	190	－18.4			
云 南	1148	517	122.1	283	260	8.8	865	257	236.6
西 藏									
陕 西	1168	611	91.2	1168	611	91.2			
甘 肃	－344	－163		－344	－163				
青 海	44	－30		5	－46				
宁 夏									
新 疆	425	243	74.9	－12	－12		436	254	71.7

3—51 各地区限额以上连锁餐饮企业资产总额

（按业态分）

单位：万元

地区	2004年	2003年	±%	正餐			快餐		
				2004年	2003年	±%	2004年	2003年	±%
全国	**1387321**	**1205950**	**15.0**	**556050**	**470586**	**18.2**	**772418**	**691549**	**11.7**
北京	257528	235582	9.3	113929	109311	4.2	136334	120338	13.3
天津	107962	91394	18.1	14973	13747	8.9	71644	59167	21.1
河北	246	259	−5.0	149	151	−1.3	97	107	
山西	31219	28357	10.1	23548	22670	3.9	7671	5687	34.9
内蒙古	14148	13258	6.7	14148	13258	6.7			
辽宁	72936	67332	8.3	9055	7362	23.0	63881	59970	6.5
吉林	2840	2808	1.1	2840	2808	1.1			
黑龙江	−111	188		−364	−97		253	285	−11.2
上海	113602	91104	24.7	58875	37970	55.1	54456	53041	2.7
江苏	87984	76336	15.3	9411	5499	71.1	77553	69939	10.9
浙江	131824	111018	18.7	53876	49413	9.0	55618	48148	15.5
安徽	35681	22396	59.3	30510	17593	73.4	5171	4803	7.7
福建	38616	35324	9.3	2458	1734	41.8	35919	33347	7.7
江西	12364	6551	88.7	12124	6314	92.0	240	237	1.3
山东	45830	40861	12.2	14973	13837	8.2	30857	27024	14.2
河南	1291	1261	2.4	1291	1261	2.4			
湖北	87823	86977	1.0	59767	56632	5.5	28056	30344	−7.5
湖南	21450	19612	9.4	1608	1490	7.9	19842	18122	9.5
广东	213161	189349	12.6	60400	57968	4.2	146802	126992	15.6
广西									
海南	356	368	−3.3	356	368	−3.3			
重庆	34370	21699	58.4	34324	21657	58.5	47	42	11.9
四川	24917	22638	10.1	4485	2502	79.3	20432	20136	1.5
贵州	10399	8620	20.6	10399	8620	20.6			
云南	8824	7948	11.0	1737	1073	61.9	7087	6875	3.1
西藏									
陕西	17077	14618	16.8	17077	14618	16.8			
甘肃	3508	2262	55.1	3508	2262	55.1			
青海	990	851	16.3	565	530	6.6			
宁夏									
新疆	10487	6980	50.2	29	35	−17.1	10458	6946	50.6

3—52 各地区限额以上连锁餐饮企业负债总额

(按业态分)

单位:万元

地区	2004年	2003年	±%	正餐			快餐		
				2004年	2003年	±%	2004年	2003年	±%
全国	**826215**	**678483**	**21.8**	**343235**	**254620**	**34.8**	**446530**	**398150**	**12.2**
北京	143174	120864	18.5	61479	48155	27.7	76776	69028	11.2
天津	67604	56305	20.1	10092	9159	10.2	46978	37781	24.3
河北	89	76	17.1	30	27	11.1	59	49	
山西	21077	19343	9.0	18798	18210	3.2	2279	1132	101.3
内蒙古	2650	2326	13.9	2650	2326	13.9			
辽宁	38447	31947	20.3	5287	4418	19.7	33160	27530	20.5
吉林	767	319	140.4	767	319	140.4			
黑龙江	—206	285		—416	84		210	201	4.5
上海	76347	45873	66.4	38590	11740	228.7	37485	34046	10.1
江苏	50290	43082	16.7	4021	2649	51.8	45538	39731	14.6
浙江	78833	61140	28.9	42495	37077	14.6	18960	14587	30.0
安徽	30177	12803	135.7	25547	8699	193.7	4630	4104	12.8
福建	23307	23210	0.4	774	653	18.5	22475	22499	—0.1
江西	7242	2962	144.5	7242	2962	144.5			
山东	24820	22242	11.6	7781	7903	—1.5	17039	14339	18.8
河南	674	579	16.4	674	579	16.4			
湖北	78490	69639	12.7	48640	38896	25.1	29850	30743	—2.9
湖南	12797	10031	27.6	152	28	442.9	12645	10003	26.4
广东	119603	112463	6.3	37728	36492	3.4	79504	73772	7.8
广西									
海南	30	40	—25.0	30	40	—25.0			
重庆	11858	9270	27.9	11858	9270	27.9			
四川	15386	15356	0.2	2004	1122	78.6	13382	14234	—6.0
贵州	5688	3879	46.6	5688	3879	46.6			
云南	3317	3725	—11.0	396	405	—2.2	2921	3321	—12.0
西藏									
陕西	9165	8001	14.5	9165	8001	14.5			
甘肃	1536	1301	18.1	1536	1301	18.1			
青海	375	326	15.0	189	183	3.3			
宁夏									
新疆	2679	1097	144.2	41	46	—10.9	2638	1051	151.0

3—53　东中西部地区限额以上连锁餐饮企业门店数

(按业态分)

单位:个

地区	2004年	2003年	±%	正餐			快餐		
				2004年	2003年	±%	2004年	2003年	±%
全国	**6968**	**6127**	**13.7**	**2789**	**2686**	**3.8**	**2678**	**2277**	**17.6**
东部	4524	3758	20.4	749	654	14.5	2282	1948	17.1
中部	1086	1010	7.5	906	857	5.7	180	153	17.6
西部	1358	1359	—0.1	1134	1175	—3.5	216	176	22.7

3—54　东中西部地区限额以上直营连锁餐饮企业门店数

(按业态分)

单位:个

地区	2004年	2003年	±%	正餐			快餐		
				2004年	2003年	±%	2004年	2003年	±%
全国	**4359**	**3735**	**16.7**	**930**	**865**	**7.5**	**2467**	**2140**	**15.3**
东部	3663	3069	19.4	540	468	15.4	2169	1879	15.4
中部	415	375	10.7	235	222	5.9	180	153	17.6
西部	281	291	—3.4	155	175	—11.4	118	108	9.3

3—55　东中西部地区限额以上加盟连锁餐饮企业门店数

(按业态分)

单位:个

地区	2004年	2003年	±%	正餐			快餐		
				2004年	2003年	±%	2004年	2003年	±%
全国	**2609**	**2392**	**9.1**	**1859**	**1821**	**2.1**	**211**	**137**	**54.0**
东部	861	689	25.0	209	186	12.4	113	69	63.8
中部	671	635	5.7	671	635	5.7			
西部	1077	1068	0.8	979	1000	—2.1	98	68	44.1

3—56 东中西部地区限额以上连锁餐饮企业营业面积

（按业态分） 单位：平方米

地区	2004年	2003年	±%	正餐			快餐		
				2004年	2003年	±%	2004年	2003年	±%
全国	**3465846**	**3045955**	**13.8**	**2397799**	**2140225**	**12.0**	**1006595**	**853250**	**18.0**
东部	1584902	1359713	16.6	669980	582599	15.0	853914	724954	17.8
中部	865559	780073	11.0	789050	714959	10.4	76509	65114	17.5
西部	1015385	906169	12.1	938769	842667	11.4	76172	63182	20.6

3—57 东中西部地区限额以上直营连锁餐饮企业营业面积

（按业态分） 单位：平方米

地区	2004年	2003年	±%	正餐			快餐		
				2004年	2003年	±%	2004年	2003年	±%
全国	**2029653**	**1798667**	**12.8**	**1047867**	**952254**	**10.0**	**937804**	**805966**	**16.4**
东部	1339312	1155669	15.9	483485	417876	15.7	812289	697666	16.4
中部	446693	382907	16.7	370184	317793	16.5	76509	65114	17.5
西部	243648	260091	—6.3	194198	216585	—10.3	49006	43186	13.5

3—58 东中西部地区限额以上加盟连锁餐饮企业营业面积

（按业态分） 单位：平方米

地区	2004年	2003年	±%	正餐			快餐		
				2004年	2003年	±%	2004年	2003年	±%
全国	**1436193**	**1247288**	**15.1**	**1349932**	**1187971**	**13.6**	**68791**	**47284**	**45.5**
东部	245590	204044	20.4	186495	164723	13.2	41625	27288	52.5
中部	418866	397166	5.5	418866	397166	5.5			
西部	771737	646078	19.4	744571	626082	18.9	27166	19996	35.9

3—59 东中西部地区限额以上连锁餐饮企业从业人员

（按业态分）

单位：人

地区	2004年	2003年	±%	正餐			快餐		
				2004年	2003年	±%	2004年	2003年	±%
全国	**341761**	**305491**	**11.9**	**190543**	**182812**	**4.2**	**145103**	**117239**	**23.8**
东部	184281	153056	20.4	50027	44371	12.7	128229	103375	24.0
中部	82149	78760	4.3	72254	70467	2.5	9895	8293	19.3
西部	75331	73675	2.2	68262	67974	0.4	6979	5571	25.3

3—60 东中西部地区限额以上直营连锁餐饮企业从业人员

（按业态分）

单位：人

地区	2004年	2003年	±%	正餐			快餐		
				2004年	2003年	±%	2004年	2003年	±%
全国	**218708**	**192374**	**13.7**	**74682**	**75137**	**−0.6**	**139705**	**113425**	**23.2**
东部	166995	138768	20.3	37626	33894	11.0	125138	101192	23.7
中部	32446	32093	1.1	22551	23800	−5.2	9895	8293	19.3
西部	19267	21513	−10.4	14505	17443	−16.8	4672	3940	18.6

3—61 东中西部地区限额以上加盟连锁餐饮企业从业人员

（按业态分）

单位：人

地区	2004年	2003年	±%	正餐			快餐		
				2004年	2003年	±%	2004年	2003年	±%
全国	**123053**	**113117**	**8.8**	**115861**	**107675**	**7.6**	**5398**	**3814**	**41.5**
东部	17286	14288	21.0	12401	10477	18.4	3091	2183	41.6
中部	49703	46667	6.5	49703	46667	6.5			
西部	56064	52162	7.5	53757	50531	6.4	2307	1631	41.4

3—62 东中西部地区限额以上连锁餐饮企业营业收入

（按业态分）

单位：万元

地区	2004年	2003年	±%	正餐			快餐		
				2004年	2003年	±%	2004年	2003年	±%
全国	**3997191**	**2569981**	**55.5**	**1546257**	**1193908**	**29.5**	**2351097**	**1298334**	**81.1**
东部	2785923	1647179	69.1	523202	421671	24.1	2163254	1148112	88.4
中部	716724	601628	19.1	595761	503993	18.2	120963	97635	23.9
西部	494543	321173	54.0	427293	268243	59.3	66882	52587	27.2

3—63 东中西部地区限额以上直营连锁餐饮企业营业收入

（按业态分）

单位：万元

地区	2004年	2003年	±%	正餐			快餐		
				2004年	2003年	±%	2004年	2003年	±%
全国	**3050190**	**1917627**	**59.1**	**681520**	**605008**	**12.6**	**2307396**	**1267222**	**82.1**
东部	2640185	1532155	72.3	444595	358942	23.9	2134686	1128160	89.2
中部	281574	283479	−0.7	160611	185844	−13.6	120963	97635	23.9
西部	128430	101993	25.9	76314	60222	26.7	51748	41428	24.9

3—64 东中西部地区限额以上加盟连锁餐饮企业营业收入

（按业态分）

单位：万元

地区	2004年	2003年	±%	正餐			快餐		
				2004年	2003年	±%	2004年	2003年	±%
全国	**947001**	**652354**	**45.2**	**864737**	**588900**	**46.8**	**43701**	**31111**	**40.5**
东部	145738	115024	26.7	78607	62729	25.3	28568	19952	43.2
中部	435150	318149	36.8	435150	318149	36.8			
西部	366113	219180	67.0	350979	208021	68.7	15134	11159	35.6

3—65 东中西部地区限额以上连锁餐饮企业零售额

（按业态分）

单位：万元

地区	2004年	2003年	±%	正餐			快餐		
				2004年	2003年	±%	2004年	2003年	±%
全国	**3965040**	**2552373**	**55.3**	**1527293**	**1186191**	**28.8**	**2348857**	**1296304**	**81.2**
东部	2759322	1634131	68.9	509788	418514	21.8	2161013	1146082	88.6
中部	711293	597158	19.1	590330	499523	18.2	120963	97635	23.9
西部	494425	321084	54.0	427174	268154	59.3	66882	52587	27.2

3—66 东中西部地区限额以上直营连锁餐饮企业零售额

（按业态分）

单位：万元

地区	2004年	2003年	±%	正餐			快餐		
				2004年	2003年	±%	2004年	2003年	±%
全国	**3025697**	**1906634**	**58.7**	**664741**	**599240**	**10.9**	**2305194**	**1265193**	**82.2**
东部	2619057	1523773	71.9	431181	355785	21.2	2132484	1126130	89.4
中部	278328	280957	—0.9	157365	183322	—14.2	120963	97635	23.9
西部	128312	101904	25.9	76195	60133	26.7	51748	41428	24.9

3—67 东中西部地区限额以上加盟连锁餐饮企业零售额

（按业态分）

单位：万元

地区	2004年	2003年	±%	正餐			快餐		
				2004年	2003年	±%	2004年	2003年	±%
全国	**939343**	**645739**	**45.5**	**862552**	**586951**	**47.0**	**43663**	**31111**	**40.3**
东部	140265	110358	27.1	78607	62729	25.3	28529	19952	43.0
中部	432965	316201	36.9	432965	316201	36.9			
西部	366113	219180	67.0	350979	208021	68.7	15134	11159	35.6

3—68 东中西部地区限额以上直营连锁餐饮企业统一配送比重

（按业态分）

单位：%

地区	2004年	2003年	正餐		快餐	
			2004年	2003年	2004年	2003年
全国	**87.5**	**82.5**	**62.0**	**61.0**	**95.5**	**93.3**
东部	92.9	89.7	71.9	70.2	97.9	96.8
中部	50.8	54.1	39.5	48.1	65.8	65.4
西部	57.9	53.7	51.9	46.0	66.6	64.9

3—69 东中西部地区限额以上直营连锁餐饮企业自有配送比重

（按业态分）

单位：%

地区	2004年	2003年	正餐		快餐	
			2004年	2003年	2004年	2003年
全国	**71.1**	**60.3**	**47.1**	**45.9**	**78.2**	**66.8**
东部	74.6	63.5	52.5	51.2	79.3	67.2
中部	47.0	46.9	33.5	37.8	64.9	64.4
西部	52.4	49.0	44.1	39.4	64.4	62.8

3—70 东中西部地区限额以上直营连锁餐饮企业非自有配送比重

（按业态分）

单位：%

地区	2004年	2003年	正餐		快餐	
			2004年	2003年	2004年	2003年
全国	**16.4**	**22.3**	**14.9**	**15.1**	**17.3**	**26.5**
东部	18.3	26.2	19.4	19.0	18.6	29.6
中部	3.8	7.1	6.0	10.4	0.8	0.9
西部	5.5	4.7	7.8	6.6	2.1	2.1

3—71 东中西部地区限额以上加盟连锁餐饮企业统一配送比重

（按业态分）

单位：%

地 区	2004 年	2003 年	正 餐		快 餐	
			2004 年	2003 年	2004 年	2003 年
全 国	**33.5**	**33.0**	**32.5**	**31.9**	**69.0**	**76.7**
东 部	26.0	25.1	20.4	19.2	55.0	64.7
中 部	19.3	18.4	19.3	18.4		
西 部	53.3	58.4	51.5	56.3	95.2	98.0

3—72 东中西部地区限额以上加盟连锁餐饮企业自有配送比重

（按业态分）

单位：%

地 区	2004 年	2003 年	正 餐		快 餐	
			2004 年	2003 年	2004 年	2003 年
全 国	**20.3**	**20.6**	**19.8**	**20.4**	**33.9**	**34.3**
东 部	18.9	17.8	19.6	19.2	21.5	23.2
中 部	15.6	14.9	15.6	14.9		
西 部	26.4	30.4	25	29.1	57.3	54.1

3—73 东中西部地区限额以上加盟连锁餐饮企业非自有配送比重

（按业态分）

单位：%

地 区	2004 年	2003 年	正 餐		快 餐	
			2004 年	2003 年	2004 年	2003 年
全 国	**13.2**	**12.4**	**12.7**	**11.5**	**35.1**	**42.4**
东 部	7.0	7.2	0.8		33.6	41.5
中 部	3.7	3.6	3.7	3.6		
西 部	26.9	28.0	26.4	27.1	37.9	43.9

3—74　东中西部地区限额以上连锁餐饮企业利润总额

（按业态分）　　单位:万元

地　区	2004 年	2003 年	±%	正　餐			快　餐		
				2004 年	2003 年	±%	2004 年	2003 年	±%
全　国	**247166**	**196219**	**26.0**	**111073**	**78984**	**40.6**	**132874**	**115229**	**15.3**
东　部	162337	140717	15.4	35147	28700	22.5	124010	110027	12.7
中　部	74391	50027	48.7	67502	45382	48.7	6888	4645	48.3
西　部	10438	5476	90.6	8423	4902	71.8	1976	558	254.1

3—75　东中西部地区限额以上连锁餐饮企业资产总额

（按业态分）　　单位:万元

地　区	2004 年	2003 年	±%	正　餐			快　餐		
				2004 年	2003 年	±%	2004 年	2003 年	±%
全　国	**1387321**	**1205950**	**15.0**	**556050**	**470586**	**18.2**	**772418**	**691549**	**11.7**
东　部	1070045	938926	14.0	338455	297360	13.8	673162	598072	12.6
中　部	206704	181407	13.9	145471	121929	19.3	61232	59478	2.9
西　部	110573	85617	29.1	72124	51297	40.6	38024	33999	11.8

3—76　东中西部地区限额以上连锁餐饮企业负债总额

（按业态分）　　单位:万元

地　区	2004 年	2003 年	±%	正　餐			快　餐		
				2004 年	2003 年	±%	2004 年	2003 年	±%
全　国	**826215**	**678483**	**21.8**	**343235**	**254620**	**34.8**	**446530**	**398150**	**12.2**
东　部	622544	517241	20.4	208306	158311	31.6	377975	333360	13.4
中　部	153668	118287	29.9	104053	72103	44.3	49615	46184	7.4
西　部	50003	42954	16.4	30877	24206	27.6	18941	18606	1.8

3－77　六经济区限额以上连锁餐饮企业门店数

（按业态分）　　单位：个

地区	2004年	2003年	±%	正餐			快餐		
				2004年	2003年	±%	2004年	2003年	±%
全国	**6968**	**6127**	**13.7**	**2789**	**2686**	**3.8**	**2678**	**2277**	**17.6**
华北	2256	1985	13.7	956	899	6.3	711	586	21.3
东北	329	301	9.3	160	162	－1.2	169	139	21.6
华东	2144	1760	21.8	341	260	31.2	1004	900	11.6
中南	881	722	22.0	198	190	4.2	578	476	21.4
西南	1244	1255	－0.9	1071	1110	－3.5	173	145	19.3
西北	114	104	9.6	63	65	－3.1	43	31	38.7

3－78　六经济区限额以上直营连锁餐饮企业门店数

（按业态分）　　单位：个

地区	2004年	2003年	±%	正餐			快餐		
				2004年	2003年	±%	2004年	2003年	±%
全国	**4359**	**3735**	**16.7**	**930**	**865**	**7.5**	**2467**	**2140**	**15.3**
华北	1050	903	16.3	287	262	9.5	642	556	15.5
东北	223	193	15.5	54	54		169	139	21.6
华东	2054	1695	21.2	306	245	24.9	960	861	11.5
中南	751	653	15.0	128	129	－0.8	578	476	21.4
西南	197	213	－7.5	108	128	－15.6	89	85	4.7
西北	84	78	7.7	47	47		29	23	26.1

3－79　六经济区限额以上加盟连锁餐饮企业门店数

（按业态分）　　单位：个

地区	2004年	2003年	±%	正餐			快餐		
				2004年	2003年	±%	2004年	2003年	±%
全国	**2609**	**2392**	**9.1**	**1859**	**1821**	**2.1**	**211**	**137**	**54.0**
华北	1206	1082	11.5	669	637	5.0	69	30	130.0
东北	106	108	－1.9	106	108	－1.9			
华东	90	65	38.5	35	15	133.3	44	39	12.8
中南	130	69	88.4	70	61	14.8			
西南	1047	1042	0.5	963	982	－1.9	84	60	40.0
西北	30	26	15.4	16	18	－11.1	14	8	75.0

3—80 六经济区限额以上连锁餐饮企业营业面积

(按业态分)

单位:平方米

地区	2004年	2003年	±%	正餐			快餐		
				2004年	2003年	±%	2004年	2003年	±%
全国	**3465846**	**3045955**	**13.8**	**2397799**	**2140225**	**12.0**	**1006595**	**853250**	**18.0**
华北	926131	806415	14.8	634539	569695	11.4	267626	215125	24.4
东北	209078	189827	10.1	140095	132075	6.1	68983	57752	19.4
华东	786427	683220	15.1	399900	341779	17.0	372026	328637	13.2
中南	528825	460324	14.9	284496	254009	12.0	221788	188554	17.6
西南	936431	841284	11.3	875550	789375	10.9	60881	51909	17.3
西北	78954	64885	21.7	63219	53292	18.6	15291	11273	35.6

3—81 六经济区限额以上直营连锁餐饮企业营业面积

(按业态分)

单位:平方米

地区	2004年	2003年	±%	正餐			快餐		
				2004年	2003年	±%	2004年	2003年	±%
全国	**2029653**	**1798667**	**12.8**	**1047867**	**952254**	**10.0**	**937804**	**805966**	**16.4**
华北	508942	427282	19.1	246160	204325	20.5	243764	205435	18.7
东北	107762	91811	17.4	38779	34059	13.9	68983	57752	19.4
华东	727018	639432	13.7	358954	316339	13.5	354263	311039	13.9
中南	442283	380051	16.4	209776	180946	15.9	221788	188554	17.6
西南	173534	200506	−13.5	136419	165993	−17.8	37115	34513	7.5
西北	70114	59585	17.7	57779	50592	14.2	11891	8673	37.1

3—82 六经济区限额以上加盟连锁餐饮企业营业面积

(按业态分)

单位:平方米

地区	2004年	2003年	±%	正餐			快餐		
				2004年	2003年	±%	2004年	2003年	±%
全国	**1436193**	**1247288**	**15.1**	**1349932**	**1187971**	**13.6**	**68791**	**47284**	**45.5**
华北	417189	379133	10.0	388379	365370	6.3	23862	9690	146.3
东北	101316	98016	3.4	101316	98016	3.4			
华东	59409	43788	35.7	40946	25440	61.0	17763	17598	0.9
中南	86542	80273	7.8	74720	73063	2.3			
西南	762897	640778	19.1	739131	623382	18.6	23766	17396	36.6
西北	8840	5300	66.8	5440	2700	101.5	3400	2600	30.8

3—83 六经济区限额以上连锁餐饮企业从业人员

(按业态分)

单位:人

地区	2004年	2003年	±%	正餐			快餐		
				2004年	2003年	±%	2004年	2003年	±%
全国	**341761**	**305491**	**11.9**	**190543**	**182812**	**4.2**	**145103**	**117239**	**23.8**
华北	102337	93100	9.9	69048	66478	3.9	30819	24366	26.5
东北	20529	18348	11.9	8304	7640	8.7	12225	10708	14.2
华东	85857	73823	16.3	25796	22034	17.1	58278	50398	15.6
中南	57707	46545	24.0	19133	18686	2.4	36802	26196	40.5
西南	68812	68363	0.7	63169	63656	—0.8	5643	4707	19.9
西北	6519	5312	22.7	5093	4318	17.9	1336	864	54.6

3—84 六经济区限额以上直营连锁餐饮企业从业人员

(按业态分)

单位:人

地区	2004年	2003年	±%	正餐			快餐		
				2004年	2003年	±%	2004年	2003年	±%
全国	**218708**	**192374**	**13.7**	**74682**	**75137**	**—0.6**	**139705**	**113425**	**23.2**
华北	52598	47413	10.9	21663	22118	—2.1	29536	23996	23.1
东北	14502	12654	14.6	2277	1946	17.0	12225	10708	14.2
华东	80948	70021	15.6	22806	20156	13.1	56470	48585	16.2
中南	51393	40773	26.0	13431	13474	—0.3	36802	26196	40.5
西南	13672	16911	—19.2	10116	13640	—25.8	3556	3271	8.7
西北	5595	4602	21.6	4389	3803	15.4	1116	669	66.8

3—85 六经济区限额以上加盟连锁餐饮企业从业人员

(按业态分)

单位:人

地区	2004年	2003年	±%	正餐			快餐		
				2004年	2003年	±%	2004年	2003年	±%
全国	**123053**	**113117**	**8.8**	**115861**	**107675**	**7.6**	**5398**	**3814**	**41.5**
华北	49739	45687	8.9	47385	44360	6.8	1283	370	246.8
东北	6027	5694	5.8	6027	5694	5.8			
华东	4909	3802	29.1	2990	1878	59.2	1808	1813	—0.3
中南	6314	5772	9.4	5702	5212	9.4			
西南	55140	51452	7.2	53053	50016	6.1	2087	1436	45.3
西北	924	710	30.1	704	515	36.7	220	195	12.8

3—86 六经济区限额以上连锁餐饮企业营业收入

(按业态分)

单位:万元

地区	2004年	2003年	±%	正餐			快餐		
				2004年	2003年	±%	2004年	2003年	±%
全国	**3997191**	**2569981**	**55.5**	**1546257**	**1193908**	**29.5**	**2351097**	**1298334**	**81.1**
华北	1075040	861962	24.7	685855	547586	25.3	342425	277663	23.3
东北	182969	160529	14.0	48065	43164	11.4	134905	117365	14.9
华东	926354	757628	22.3	223157	180188	23.8	682970	563304	21.2
中南	1318285	468689	181.3	161887	154728	4.6	1123917	287414	291.0
西南	455800	291690	56.3	400579	246847	62.3	55223	44842	23.2
西北	38743	29484	31.4	26715	21395	24.9	11659	7744	50.6

3—87 六经济区限额以上直营连锁餐饮企业营业收入

(按业态分)

单位:万元

地区	2004年	2003年	±%	正餐			快餐		
				2004年	2003年	±%	2004年	2003年	±%
全国	**3050190**	**1917627**	**59.1**	**681520**	**605008**	**12.6**	**2307396**	**1267222**	**82.1**
华北	605198	528247	14.6	245472	235537	4.2	328259	269961	21.6
东北	154951	137764	12.5	20047	20399	−1.7	134905	117365	14.9
华东	898070	737879	21.7	209500	172943	21.1	668568	551054	21.3
中南	1263540	411744	206.9	130187	115908	12.3	1123917	287414	291.0
西南	93004	74730	24.5	51236	40446	26.7	41769	34283	21.8
西北	35426	27264	29.9	25078	19775	26.8	9979	7144	39.7

3—88 六经济区限额以上加盟连锁餐饮企业营业收入

(按业态分)

单位:万元

地区	2004年	2003年	±%	正餐			快餐		
				2004年	2003年	±%	2004年	2003年	±%
全国	**947001**	**652354**	**45.2**	**864737**	**588900**	**46.8**	**43701**	**31111**	**40.5**
华北	469842	333715	40.8	440383	312049	41.1	14166	7702	83.9
东北	28018	22765	23.1	28018	22765	23.1			
华东	28284	19749	43.2	13657	7245	88.5	14402	12250	17.6
中南	54745	56945	−3.9	31700	38820	−18.3			
西南	362796	216960	67.2	349343	206401	69.3	13454	10559	27.4
西北	3317	2220	49.4	1637	1620	1.0	1680	600	180.0

3—89 六经济区限额以上连锁餐饮企业零售额

（按业态分）

单位：万元

地区	2004年	2003年	±%	正餐			快餐		
				2004年	2003年	±%	2004年	2003年	±%
全国	**3965040**	**2552373**	**55.3**	**1527293**	**1186191**	**28.8**	**2348857**	**1296304**	**81.2**
华北	1047971	849511	23.4	671633	544660	23.3	340526	276000	23.4
东北	182969	160529	14.0	48065	43164	11.4	134905	117365	14.9
华东	921390	752561	22.4	218534	175487	24.5	682628	562938	21.3
中南	1318285	468689	181.3	161887	154728	4.6	1123917	287414	291.0
西南	455800	291690	56.3	400579	246847	62.3	55223	44842	23.2
西北	38625	29395	31.4	26597	21306	24.8	11659	7744	50.6

3—90 六经济区限额以上直营连锁餐饮企业零售额

（按业态分）

单位：万元

地区	2004年	2003年	±%	正餐			快餐		
				2004年	2003年	±%	2004年	2003年	±%
全国	**3025697**	**1906634**	**58.7**	**664741**	**599240**	**10.9**	**2305194**	**1265193**	**82.2**
华北	585787	522410	12.1	233435	234559	—0.5	326399	268298	21.7
东北	154951	137764	12.5	20047	20399	—1.7	134905	117365	14.9
华东	893106	732812	21.9	204877	168242	21.8	668226	550688	21.3
中南	1263540	411744	206.9	130187	115908	12.3	1123917	287414	291.0
西南	93004	74730	24.5	51236	40446	26.7	41769	34283	21.8
西北	35308	27175	29.9	24960	19686	26.8	9979	7144	39.7

3—91 六经济区限额以上加盟连锁餐饮企业零售额

（按业态分）

单位：万元

地区	2004年	2003年	±%	正餐			快餐		
				2004年	2003年	±%	2004年	2003年	±%
全国	**939343**	**645739**	**45.5**	**862552**	**586951**	**47.0**	**43663**	**31111**	**40.3**
华北	462184	327101	41.3	438198	310101	41.3	14127	7702	83.4
东北	28018	22765	23.1	28018	22765	23.1			
华东	28284	19749	43.2	13657	7245	88.5	14402	12250	17.6
中南	54745	56945	—3.9	31700	38820	—18.3			
西南	362796	216960	67.2	349343	206401	69.3	13454	10559	27.4
西北	3317	2220	49.4	1637	1620	1.0	1680	600	180.0

3—92 六经济区限额以上直营连锁餐饮企业统一配送比重

（按业态分）

单位：%

地　区	2004年	2003年	正　餐		快　餐	
			2004年	2003年	2004年	2003年
全　国	**87.5**	**82.5**	**62.0**	**61.0**	**95.5**	**93.3**
华　北	74.7	75.6	59.9	61.8	87.1	89.0
东　北	90.0	87.5	23.6	16.7	99.8	99.8
华　东	92.4	92.1	74.4	74.6	97.8	97.5
中　南	93.0	79.8	57.8	54.8	97.4	90.9
西　南	50.8	47.0	44.4	38.1	58.6	57.6
西　北	76.6	72.1	67.4	62.1	100.0	100.0

3—93 六经济区限额以上直营连锁餐饮企业自有配送比重

（按业态分）

单位：%

地　区	2004年	2003年	正　餐		快　餐	
			2004年	2003年	2004年	2003年
全　国	**71.1**	**60.3**	**47.1**	**45.9**	**78.2**	**66.8**
华　北	44.9	45.6	37.1	39.5	49.5	49.8
东　北	89.8	87.3	23.6	16.7	99.6	99.5
华　东	78.2	76.7	55.6	54.7	84.7	83.1
中　南	78.2	43.3	57.6	54.4	80.8	38.8
西　南	46.7	44.0	39.2	34.7	55.9	55.1
西　北	67.3	62.6	54.3	49.0	100.0	100.0

3—94 六经济区限额以上直营连锁餐饮企业非自有配送比重

（按业态分）

单位：%

地　区	2004年	2003年	正　餐		快　餐	
			2004年	2003年	2004年	2003年
全　国	**16.4**	**22.3**	**14.9**	**15.1**	**17.3**	**26.5**
华　北	29.8	29.9	22.8	22.3	37.6	39.1
东　北						
华　东	14.2	15.4	18.8	19.9	13.1	14.4
中　南	14.8	36.5	0.3	0.4	16.6	52.1
西　南	4.1	3.0	5.2	3.3	2.6	2.5
西　北	9.2	9.5	13.1	13.1		

3—95 六经济区限额以上加盟连锁餐饮企业统一配送比重

（按业态分）

单位：%

地区	2004年	2003年	正餐		快餐	
			2004年	2003年	2004年	2003年
全国	**33.5**	**33.0**	**32.5**	**31.9**	**69.0**	**76.7**
华北	18.0	17.8	18.9	18.8	11.1	11.0
东北	0.6	0.6	0.6	0.6		
华东	65.8	64.9	31.2	7.1	98.2	98.5
中南	33.4	26.7	39.3	29.8		
西南	53.2	58.6	51.7	56.6	94.7	97.9
西北	56.6	41.6	12.0	20.0	100.0	100.0

3—96 六经济区限额以上加盟连锁餐饮企业自有配送比重

（按业态分）

单位：%

地区	2004年	2003年	正餐		快餐	
			2004年	2003年	2004年	2003年
全国	**20.3**	**20.6**	**19.8**	**20.4**	**33.9**	**34.3**
华北	14.6	14.4	15.2	15.1	11.1	11.0
东北	0.6	0.6	0.6	0.6		
华东	29.5	22.8	26.7	7.1	31.6	30.9
中南	33.4	26.7	39.3	29.8		
西南	26.1	30.3	25.1	29.2	52.0	51.5
西北	56.6	41.6	12.0	20.0	100.0	100.0

3—97 六经济区限额以上加盟连锁餐饮企业非自有配送比重

（按业态分）

单位：%

地区	2004年	2003年	正餐		快餐	
			2004年	2003年	2004年	2003年
全国	**13.2**	**12.4**	**12.7**	**11.5**	**35.1**	**42.4**
华北	3.4	3.4	3.7	3.6		
东北						
华东	36.3	42.1	4.6		66.6	67.6
中南						
西南	27.2	28.3	26.6	27.3	42.7	46.4
西北						

3—98 六经济区限额以上连锁餐饮企业利润总额

（按业态分）

单位：万元

地区	2004年	2003年	±%	正餐			快餐		
				2004年	2003年	±%	2004年	2003年	±%
全国	**247166**	**196219**	**26.0**	**111073**	**78984**	**40.6**	**132874**	**115229**	**15.3**
华北	98699	73983	33.4	76814	50368	52.5	19831	22281	−11.0
东北	19199	16055	19.6	6220	5346	16.3	12979	10710	21.2
华东	97028	83352	16.4	18061	18254	−1.1	77856	64269	21.1
中南	21801	17353	25.6	1554	114	1263.2	20233	17412	16.2
西南	9146	4815	89.9	7606	4511	68.6	1540	304	406.6
西北	1292	661	95.5	817	391	109.0	436	254	71.7

3—99 六经济区限额以上连锁餐饮企业资产总额

（按业态分）

单位：万元

地区	2004年	2003年	±%	正餐			快餐		
				2004年	2003年	±%	2004年	2003年	±%
全国	**1387321**	**1205950**	**15.0**	**556050**	**470586**	**18.2**	**772418**	**691549**	**11.7**
华北	411101	368849	11.5	166746	159137	4.8	215746	185299	16.4
东北	75665	70327	7.6	11530	10072	14.5	64135	60255	6.4
华东	465900	383590	21.5	182227	132360	37.7	259814	236538	9.8
中南	324082	297567	8.9	123422	117720	4.8	194699	175458	11.0
西南	78510	60906	28.9	50944	33853	50.5	27566	27053	1.9
西北	32064	24711	29.8	21180	17444	21.4	10458	6946	50.6

3—100 六经济区限额以上连锁餐饮企业负债总额

（按业态分）

单位：万元

地区	2004年	2003年	±%	正餐			快餐		
				2004年	2003年	±%	2004年	2003年	±%
全国	**826215**	**678483**	**21.8**	**343235**	**254620**	**34.8**	**446530**	**398150**	**12.2**
华北	234594	198913	17.9	93049	77877	19.5	126092	107990	16.8
东北	39008	32551	19.8	5637	4820	17.0	33371	27731	20.3
华东	291017	211312	37.7	126450	71683	76.4	146128	129306	13.0
中南	211594	192753	9.8	87223	76035	14.7	121999	114518	6.5
西南	36249	32230	12.5	19946	14676	35.9	16303	17554	−7.1
西北	13754	10725	28.2	10930	9530	14.7	2638	1051	151.0

3—101　大中小城市限额以上连锁餐饮企业门店数

（按业态分）

单位：个

地　区	2004 年	2003 年	±%	正　餐			快　餐		
				2004 年	2003 年	±%	2004 年	2003 年	±%
全　国	**6968**	**6127**	**13.7**	**2789**	**2686**	**3.8**	**2678**	**2277**	**17.6**
大 城 市	5065	4556	11.2	1832	1822	0.5	2477	2109	17.4
中 城 市	1903	1571	21.1	957	864	10.8	201	168	19.6
小 城 市									

3—102　大中小城市限额以上直营连锁餐饮企业门店数

（按业态分）

单位：个

地　区	2004 年	2003 年	±%	正　餐			快　餐		
				2004 年	2003 年	±%	2004 年	2003 年	±%
全　国	**4359**	**3735**	**16.7**	**930**	**865**	**7.5**	**2467**	**2140**	**15.3**
大 城 市	3149	2799	12.5	639	616	3.7	2282	1981	15.2
中 城 市	1210	936	29.3	291	249	16.9	185	159	16.4
小 城 市									

3—103　大中小城市限额以上加盟连锁餐饮企业门店数

（按业态分）

单位：个

地　区	2004 年	2003 年	±%	正　餐			快　餐		
				2004 年	2003 年	±%	2004 年	2003 年	±%
全　国	**2609**	**2392**	**9.1**	**1859**	**1821**	**2.1**	**211**	**137**	**54.0**
大 城 市	1916	1757	9.0	1193	1206	−1.1	195	128	52.3
中 城 市	693	635	9.1	666	615	8.3	16	9	77.8
小 城 市									

3－104 大中小城市限额以上连锁餐饮企业营业面积

（按业态分）

单位：平方米

地区	2004年	2003年	±%	正餐			快餐		
				2004年	2003年	±%	2004年	2003年	±%
全国	**3465846**	**3045955**	**13.8**	**2397799**	**2140225**	**12.0**	**1006595**	**853250**	**18.0**
大城市	2806258	2470172	13.6	1810509	1616716	12.0	945467	809386	16.8
中城市	659588	575783	14.6	587290	523509	12.2	61128	43864	39.4
小城市									

3－105 大中小城市限额以上直营连锁餐饮企业营业面积

（按业态分）

单位：平方米

地区	2004年	2003年	±%	正餐			快餐		
				2004年	2003年	±%	2004年	2003年	±%
全国	**2029653**	**1798667**	**12.8**	**1047867**	**952254**	**10.0**	**937804**	**805966**	**16.4**
大城市	1736075	1559604	11.3	823037	763785	7.8	879526	763032	15.3
中城市	293578	239063	22.8	224830	188469	19.3	58278	42934	35.7
小城市									

3－106 大中小城市限额以上加盟连锁餐饮企业营业面积

（按业态分）

单位：平方米

地区	2004年	2003年	±%	正餐			快餐		
				2004年	2003年	±%	2004年	2003年	±%
全国	**1436193**	**1247288**	**15.1**	**1349932**	**1187971**	**13.6**	**68791**	**47284**	**45.5**
大城市	1070183	910568	17.5	987472	852931	15.8	65941	46354	42.3
中城市	366010	336720	8.7	362460	335040	8.2	2850	930	206.5
小城市									

3—107 大中小城市限额以上连锁餐饮企业从业人员

（按业态分） 单位：人

地区	2004年	2003年	±%	正餐			快餐		
				2004年	2003年	±%	2004年	2003年	±%
全国	**341761**	**305491**	**11.9**	**190543**	**182812**	**4.2**	**145103**	**117239**	**23.8**
大城市	267811	237117	12.9	128122	122602	4.5	135139	110211	22.6
中城市	73950	68374	8.2	62421	60210	3.7	9964	7028	41.8
小城市									

3—108 大中小城市限额以上直营连锁餐饮企业从业人员

（按业态分） 单位：人

地区	2004年	2003年	±%	正餐			快餐		
				2004年	2003年	±%	2004年	2003年	±%
全国	**218708**	**192374**	**13.7**	**74682**	**75137**	**−0.6**	**139705**	**113425**	**23.2**
大城市	190826	166902	14.3	57998	57628	0.6	129961	106487	22.0
中城市	27882	25472	9.5	16684	17509	−4.7	9744	6938	40.4
小城市									

3—109 大中小城市限额以上加盟连锁餐饮企业从业人员

（按业态分） 单位：人

地区	2004年	2003年	±%	正餐			快餐		
				2004年	2003年	±%	2004年	2003年	±%
全国	**123053**	**113117**	**8.8**	**115861**	**107675**	**7.6**	**5398**	**3814**	**41.5**
大城市	76985	70215	9.6	70124	64974	7.9	5178	3724	39.0
中城市	46068	42902	7.4	45737	42701	7.1	220	90	144.4
小城市									

3—110 大中小城市限额以上连锁餐饮企业营业收入

（按业态分）

单位：万元

地区	2004年	2003年	±%	正餐			快餐		
				2004年	2003年	±%	2004年	2003年	±%
全国	3997191	2569981	55.5	1546257	1193908	29.5	2351097	1298334	81.1
大城市	3344876	2058973	62.5	1029131	780799	31.8	2235012	1213300	84.2
中城市	652315	511008	27.7	517126	413109	25.2	116085	85033	36.5
小城市									

3—111 大中小城市限额以上直营连锁餐饮企业营业收入

（按业态分）

单位：万元

地区	2004年	2003年	±%	正餐			快餐		
				2004年	2003年	±%	2004年	2003年	±%
全国	3050190	1917627	59.1	681520	605008	12.6	2307396	1267222	82.1
大城市	2816242	1693949	66.3	581947	478878	21.5	2191900	1182287	85.4
中城市	233948	223678	4.6	99573	126130	—21.1	115496	84935	36.0
小城市									

3—112 大中小城市限额以上加盟连锁餐饮企业营业收入

（按业态分）

单位：万元

地区	2004年	2003年	±%	正餐			快餐		
				2004年	2003年	±%	2004年	2003年	±%
全国	947001	652354	45.2	864737	588900	46.8	43701	31111	40.5
大城市	528634	365024	44.8	447184	301921	48.1	43112	31013	39.0
中城市	418367	287330	45.6	417553	286979	45.5	589	98	501.0
小城市									

3—113 大中小城市限额以上连锁餐饮企业零售额

（按业态分）

单位：万元

地区	2004年	2003年	±%	正餐			快餐		
				2004年	2003年	±%	2004年	2003年	±%
全国	**3965040**	**2552373**	**55.3**	**1527293**	**1186191**	**28.8**	**2348857**	**1296304**	**81.2**
大城市	3315479	2044085	62.2	1012921	775803	30.6	2232772	1211270	84.3
中城市	649561	508288	27.8	514372	410389	25.3	116085	85033	36.5
小城市									

3—114 大中小城市限额以上直营连锁餐饮企业零售额

（按业态分）

单位：万元

地区	2004年	2003年	±%	正餐			快餐		
				2004年	2003年	±%	2004年	2003年	±%
全国	**3025697**	**1906634**	**58.7**	**664741**	**599240**	**10.9**	**2305194**	**1265193**	**82.2**
大城市	2794502	1685676	65.8	567922	475830	19.4	2189698	1180257	85.5
中城市	231194	220958	4.6	96819	123410	—21.5	115496	84935	36.0
小城市									

3—115 大中小城市限额以上加盟连锁餐饮企业零售额

（按业态分）

单位：万元

地区	2004年	2003年	±%	正餐			快餐		
				2004年	2003年	±%	2004年	2003年	±%
全国	**939343**	**645739**	**45.5**	**862552**	**586951**	**47.0**	**43663**	**31111**	**40.3**
大城市	520977	358409	45.4	444999	299973	48.3	43074	31013	38.9
中城市	418367	287330	45.6	417553	286979	45.5	589	98	501.0
小城市									

3—116 大中小城市限额以上直营连锁餐饮企业统一配送比重

（按业态分）

单位：%

地 区	2004年	2003年	正 餐		快 餐	
			2004年	2003年	2004年	2003年
全 国	**87.5**	**82.5**	**62.0**	**61.0**	**95.5**	**93.3**
大城市	88.0	82.8	61.8	58.5	95.5	93.3
中城市	81.6	80.9	63.3	70.6	94.5	93.4
小城市						

3—117 大中小城市限额以上直营连锁餐饮企业自有配送比重

（按业态分）

单位：%

地 区	2004年	2003年	正 餐		快 餐	
			2004年	2003年	2004年	2003年
全 国	**71.1**	**60.3**	**47.1**	**45.9**	**78.2**	**66.8**
大城市	70.8	58.9	46.9	43.9	77.4	65.1
中城市	74.4	70.4	48.4	53.6	92.7	90.9
小城市						

3—118 大中小城市限额以上直营连锁餐饮企业非自有配送比重

（按业态分）

单位：%

地 区	2004年	2003年	正 餐		快 餐	
			2004年	2003年	2004年	2003年
全 国	**16.4**	**22.3**	**14.9**	**15.1**	**17.3**	**26.5**
大城市	17.2	23.8	14.9	14.6	18.1	28.2
中城市	7.2	10.5	14.9	17.0	1.7	2.5
小城市						

3—119　大中小城市限额以上加盟连锁餐饮企业统一配送比重

（按业态分）

单位：%

地　区	2004年	2003年	正　餐		快　餐	
			2004年	2003年	2004年	2003年
全　国	**33.5**	**33.0**	**32.5**	**31.9**	**69.0**	**76.7**
大城市	43.3	42.8	43.3	42.7	68.7	76.6
中城市	21.0	20.7	20.8	20.6	89.5	100.0
小城市						

3—120　大中小城市限额以上加盟连锁餐饮企业自有配送比重

（按业态分）

单位：%

地　区	2004年	2003年	正　餐		快　餐	
			2004年	2003年	2004年	2003年
全　国	**20.3**	**20.6**	**19.8**	**20.4**	**33.9**	**34.3**
大城市	22.9	23.7	22.5	24.0	33.8	34.4
中城市	16.9	16.7	16.8	16.6	41.8	
小城市						

3—121　大中小城市限额以上加盟连锁餐饮企业非自有配送比重

（按业态分）

单位：%

地　区	2004年	2003年	正　餐		快　餐	
			2004年	2003年	2004年	2003年
全　国	**13.2**	**12.4**	**12.7**	**11.5**	**35.1**	**42.4**
大城市	20.4	19.0	20.8	18.7	34.9	42.2
中城市	4.1	4.0	4.0	3.9	47.7	100.0
小城市						

3—122 大中小城市限额以上连锁餐饮企业利润总额

（按业态分）

单位：万元

地区	2004年	2003年	±%	正餐			快餐		
				2004年	2003年	±%	2004年	2003年	±%
全国	**247166**	**196219**	**26.0**	**111073**	**78984**	**40.6**	**132874**	**115229**	**15.3**
大城市	155058	130738	18.6	42915	33113	29.6	110039	96466	14.1
中城市	92107	65481	40.7	68157	45871	48.6	22835	18763	21.7
小城市									

3—123 大中小城市限额以上连锁餐饮企业资产总额

（按业态分）

单位：万元

地区	2004年	2003年	±%	正餐			快餐		
				2004年	2003年	±%	2004年	2003年	±%
全国	**1387321**	**1205950**	**15.0**	**556050**	**470586**	**18.2**	**772418**	**691549**	**11.7**
大城市	1250457	1097558	13.9	482059	413773	16.5	732894	654325	12.0
中城市	136864	108392	26.3	73991	56813	30.2	39524	37224	6.2
小城市									

3—124 大中小城市限额以上连锁餐饮企业负债总额

（按业态分）

单位：万元

地区	2004年	2003年	±%	正餐			快餐		
				2004年	2003年	±%	2004年	2003年	±%
全国	**826215**	**678483**	**21.8**	**343235**	**254620**	**34.8**	**446530**	**398150**	**12.2**
大城市	747870	630752	18.6	302149	231875	30.3	427380	383343	11.5
中城市	78346	47731	64.1	41086	22746	80.6	19150	14806	29.3
小城市									

3－125　35城市限额以上连锁餐饮企业门店数

（按业态分）

单位：个

地区	2004年	2003年	±%	正餐			快餐		
				2004年	2003年	±%	2004年	2003年	±%
合计	**5065**	**4556**	**11.2**	**1832**	**1822**	**0.5**	**2477**	**2109**	**17.4**
北京	836	688	21.5	201	185	8.6	552	459	20.3
天津	668	592	12.8	21	24	－12.5	141	112	25.9
石家庄									
太原	29	26	11.5	13	14	－7.1	16	12	33.3
呼和浩特									
沈阳	268	246	8.9	140	142	－1.4	128	104	23.1
大连	38	33	15.2	1	2	－50.0	37	31	19.4
长春	4	4		4	4				
哈尔滨	13	13		9	9		4	4	
上海	467	439	6.4	83	63	31.7	377	369	2.2
南京	113	100	13.0				113	100	13.0
杭州	209	160	30.6	42	33	27.3	167	127	31.5
宁波	12	11	9.1	10	9	11.1	2	2	
合肥	30	22	36.4	18	13	38.5	12	9	33.3
福州	25	25					25	25	
厦门	116	113	2.7	21	15	40.0	48	44	9.1
南昌	15	17	－11.8	7	8	－12.5	8	9	－11.1
济南	9	9					9	9	
青岛	74	66	12.1	11	12	－8.3	63	54	16.7
郑州									
武汉	156	160	－2.5	66	77	－14.3	90	83	8.4
长沙	50	36	38.9				50	36	38.9
广州	409	300	36.3	80	69	15.9	224	175	28.0
深圳	195	169	15.4				195	169	15.4
南宁									
海口	2	2		2	2				
重庆	992	966	2.7	977	956	2.2	15	10	50.0
成都	96	76	26.3				96	76	26.3
贵阳	14	13	7.7	14	13	7.7			
昆明	116	170	－31.8	54	111	－51.4	62	59	5.1
西安	21	19	10.5	21	19	10.5			
兰州	32	36	－11.1	32	36	－11.1			
西宁	11	12	－8.3	3	4	－25.0			
银川									
乌鲁木齐	45	33	36.4	2	2		43	31	38.7

3—126 35城市限额以上直营连锁餐饮企业门店数

（按业态分）

单位：个

地区	2004年	2003年	±%	正餐			快餐		
				2004年	2003年	±%	2004年	2003年	±%
合计	**3149**	**2799**	**12.5**	**639**	**616**	**3.7**	**2282**	**1981**	**15.2**
北京	759	643	18.0	161	147	9.5	515	452	13.9
天津	163	147	10.9	16	17	−5.9	109	89	22.5
石家庄									
太原	23	19	21.1	7	7		16	12	33.3
呼和浩特									
沈阳	166	142	16.9	38	38		128	104	23.1
大连	38	33	15.2	1	2	−50.0	37	31	19.4
长春	4	4		4	4				
哈尔滨	9	9		5	5		4	4	
上海	442	412	7.3	83	63	31.7	352	342	2.9
南京	110	97	13.4				110	97	13.4
杭州	209	160	30.6	42	33	27.3	167	127	31.5
宁波	10	9	11.1	8	7	14.3	2	2	
合肥	28	22	27.3	16	13	23.1	12	9	33.3
福州	25	25					25	25	
厦门	112	113	−0.9	17	15	13.3	48	44	9.1
南昌	12	14	−14.3	4	5	−20.0	8	9	−11.1
济南	9	9					9	9	
青岛	74	66	12.1	11	12	−8.3	63	54	16.7
郑州									
武汉	129	126	2.4	39	43	−9.3	90	83	8.4
长沙	50	36	38.9				50	36	38.9
广州	318	268	18.7	49	45	8.9	224	175	28.0
深圳	195	169	15.4				195	169	15.4
南宁									
海口	2	2		2	2				
重庆	72	94	−23.4	67	88	−23.9	5	6	−16.7
成都	53	45	17.8				53	45	17.8
贵阳	14	13	7.7	14	13	7.7			
昆明	44	48	−8.3	13	14	−7.1	31	34	−8.8
西安	21	19	10.5	21	19	10.5			
兰州	16	18	−11.1	16	18	−11.1			
西宁	11	12	−8.3	3	4	−25.0			
银川									
乌鲁木齐	31	25	24.0	2	2		29	23	26.1

3—127 35城市限额以上加盟连锁餐饮企业门店数

（按业态分）

单位：个

地区	2004年	2003年	±%	正餐			快餐		
				2004年	2003年	±%	2004年	2003年	±%
合计	**1916**	**1757**	**9.0**	**1193**	**1206**	**−1.1**	**195**	**128**	**52.3**
北京	77	45	71.1	40	38	5.3	37	7	428.6
天津	505	445	13.5	5	7	−28.6	32	23	39.1
石家庄									
太原	6	7	−14.3	6	7	−14.3			
呼和浩特									
沈阳	102	104	−1.9	102	104	−1.9			
大连									
长春									
哈尔滨	4	4		4	4				
上海	25	27	−7.4				25	27	−7.4
南京	3	3					3	3	
杭州									
宁波	2	2		2	2				
合肥	2			2					
福州									
厦门	4			4					
南昌	3	3		3	3				
济南									
青岛									
郑州									
武汉	27	34	−20.6	27	34	−20.6			
长沙									
广州	91	32	184.4	31	24	29.2			
深圳									
南宁									
海口									
重庆	920	872	5.5	910	868	4.8	10	4	150.0
成都	43	31	38.7				43	31	38.7
贵阳									
昆明	72	122	−41.0	41	97	−57.7	31	25	24.0
西安									
兰州	16	18	−11.1	16	18	−11.1			
西宁									
银川									
乌鲁木齐	14	8	75.0				14	8	75.0

3—128　35城市限额以上连锁餐饮企业营业面积

（按业态分）　　　　单位:平方米

地　区	2004年	2003年	±%	正餐			快餐		
				2004年	2003年	±%	2004年	2003年	±%
合　计	**2806258**	**2470172**	**13.6**	**1810509**	**1616716**	**12.0**	**945467**	**809386**	**16.8**
北　京	392245	318455	23.2	197308	162869	21.1	186021	148154	25.6
天　津	111150	98585	12.7	22771	24987	−8.9	73329	59435	23.4
石家庄									
太　原	36375	35775	1.7	30099	30599	−1.6	6276	5176	21.3
呼和浩特									
沈　阳	183559	165968	10.6	129700	121500	6.7	53859	44468	21.1
大　连	16924	15284	10.7	2800	3000	−6.7	14124	12284	15.0
长　春	3300	3300		3300	3300				
哈尔滨	3503	3503		2503	2503		1000	1000	
上　海	228435	216798	5.4	84517	76051	11.1	143477	139873	2.6
南　京	44389	41865	6.0				44389	41865	6.0
杭　州	105975	83044	27.6	39700	31550	25.8	66275	51494	28.7
宁　波	44275	34275	29.2	43320	33320	30.0	955	955	
合　肥	51535	42994	19.9	46018	38478	19.6	5517	4516	22.2
福　州	7200	7200					7200	7200	
厦　门	25898	21400	21.0	7068	3340	111.6	15940	14540	9.6
南　昌	34000	34700	−2.0	31500	32000	−1.6	2500	2700	−7.4
济　南	4449	4449					4449	4449	
青　岛	41908	39593	5.8	13427	15200	−11.7	28481	24393	16.8
郑　州									
武　汉	226819	205450	10.4	188750	171700	9.9	38069	33750	12.8
长　沙	23147	17972	28.8				23147	17972	28.8
广　州	152533	130181	17.2	49779	44722	11.3	80213	67698	18.5
深　圳	74074	64282	15.2				74074	64282	15.2
南　宁									
海　口	1300	1300		1300	1300				
重　庆	822281	715496	14.9	818921	713196	14.8	3360	2300	46.1
成　都	38037	31093	22.3				38037	31093	22.3
贵　阳	12409	10909	13.8	12409	10909	13.8			
昆　明	46584	64416	−27.7	27100	45900	−41.0	19484	18516	5.2
西　安	32936	25936	27.0	32936	25936	27.0			
兰　州	15983	14056	13.7	15983	14056	13.7			
西　宁	5944	6820	−12.8	5500	6500	−15.4			
银　川									
乌鲁木齐	19091	15073	26.7	3800	3800		15291	11273	35.6

3—129　35城市限额以上直营连锁餐饮企业营业面积

（按业态分）

单位：平方米

地　区	2004年	2003年	±%	正餐			快餐		
				2004年	2003年	±%	2004年	2003年	±%
合　计	**1736075**	**1559604**	**11.3**	**823037**	**763785**	**7.8**	**879526**	**763032**	**15.3**
北　京	321391	270314	18.9	140880	117366	20.0	171595	145516	17.9
天　津	94815	84093	12.8	20820	21620	－3.7	63893	52383	22.0
石家庄									
太　原	33375	32275	3.4	27099	27099		6276	5176	21.3
呼和浩特									
沈　阳	83959	69668	20.5	30100	25200	19.4	53859	44468	21.1
大　连	16924	15284	10.7	2800	3000	－6.7	14124	12284	15.0
长　春	3300	3300		3300	3300				
哈尔滨	1787	1787		787	787		1000	1000	
上　海	214222	200730	6.7	84517	76051	11.1	129264	123805	4.4
南　京	43689	41265	5.9				43689	41265	5.9
杭　州	105975	83044	27.6	39700	31550	25.8	66275	51494	28.7
宁　波	39995	29995	33.3	39040	29040	34.4	955	955	
合　肥	45535	42994	5.9	40018	38478	4.0	5517	4516	22.2
福　州	7200	7200					7200	7200	
厦　门	25262	21400	18.0	6432	3340	92.6	15940	14540	9.6
南　昌	16500	17200	－4.1	14000	14500	－3.4	2500	2700	－7.4
济　南	4449	4449					4449	4449	
青　岛	41908	39593	5.8	13427	15200	－11.7	28481	24393	16.8
郑　州									
武　汉	173069	146150	18.4	135000	112400	20.1	38069	33750	12.8
长　沙	23147	17972	28.8				23147	17972	28.8
广　州	136071	117788	15.5	45139	39539	14.2	80213	67698	18.5
深　圳	74074	64282	15.2				74074	64282	15.2
南　宁									
海　口	1300	1300		1300	1300				
重　庆	107010	138554	－22.8	105490	137114	－23.1	1520	1440	5.6
成　都	24311	21197	14.7				24311	21197	14.7
贵　阳	12409	10909	13.8	12409	10909	13.8			
昆　明	19284	20276	－4.9	8000	8400	－4.8	11284	11876	－5.0
西　安	32936	25936	27.0	32936	25936	27.0			
兰　州	10543	11356	－7.2	10543	11356	－7.2			
西　宁	5944	6820	－12.8	5500	6500	－15.4			
银　川									
乌鲁木齐	15691	12473	25.8	3800	3800		11891	8673	37.1

3－130　35 城市限额以上加盟连锁餐饮企业营业面积

（按业态分）

单位：平方米

地　　区	2004 年	2003 年	±%	正　　餐			快　　餐		
				2004 年	2003 年	±%	2004 年	2003 年	±%
合　　计	**1070183**	**910568**	**17.5**	**987472**	**852931**	**15.8**	**65941**	**46354**	**42.3**
北　　京	70854	48141	47.2	56428	45503	24.0	14426	2638	446.9
天　　津	16335	14492	12.7	1951	3367	－42.1	9436	7052	33.8
石 家 庄									
太　　原	3000	3500	－14.3	3000	3500	－14.3			
呼和浩特									
沈　　阳	99600	96300	3.4	99600	96300	3.4			
大　　连									
长　　春									
哈 尔 滨	1716	1716		1716	1716				
上　　海	14213	16068	－11.5				14213	16068	－11.5
南　　京	700	600	16.7				700	600	16.7
杭　　州									
宁　　波	4280	4280		4280	4280				
合　　肥	6000			6000					
福　　州									
厦　　门	636			636					
南　　昌	17500	17500		17500	17500				
济　　南									
青　　岛									
郑　　州									
武　　汉	53750	59300	－9.4	53750	59300	－9.4			
长　　沙									
广　　州	16462	12393	32.8	4640	5183	－10.5			
深　　圳									
南　　宁									
海　　口									
重　　庆	715271	576942	24.0	713431	576082	23.8	1840	860	114.0
成　　都	13726	9896	38.7				13726	9896	38.7
贵　　阳									
昆　　明	27300	44140	－38.2	19100	37500	－49.1	8200	6640	23.5
西　　安									
兰　　州	5440	2700	101.5	5440	2700	101.5			
西　　宁									
银　　川									
乌鲁木齐	3400	2600	30.8				3400	2600	30.8

3—131 35城市限额以上连锁餐饮企业从业人员

（按业态分）

单位：人

地区	2004年	2003年	±%	正餐			快餐		
				2004年	2003年	±%	2004年	2003年	±%
合计	**267811**	**237117**	**12.9**	**128122**	**122602**	**4.5**	**135139**	**110211**	**22.6**
北京	42342	34830	21.6	18030	15591	15.6	23597	18664	26.4
天津	10202	8672	17.6	1328	1410	—5.8	7119	5581	27.6
石家庄									
太原	2018	2098	—3.8	1949	2029	—3.9	69	69	
呼和浩特									
沈阳	17000	15000	13.3	7400	7100	4.2	9600	7900	21.5
大连	2622	2818	—7.0	98	130	—24.6	2524	2688	—6.1
长春	190	150	26.7	190	150	26.7			
哈尔滨	654	316	107.0	553	196	182.1	101	120	—15.8
上海	28737	26692	7.7	7300	6200	17.7	21384	20439	4.6
南京	8396	7652	9.7				8396	7652	9.7
杭州	13594	10287	32.1	2415	2078	16.2	11179	8209	36.2
宁波	2708	2601	4.1	2646	2540	4.2	62	61	1.6
合肥	2832	2274	24.5	2054	1513	35.8	778	761	2.2
福州	764	766	—0.3				764	766	—0.3
厦门	2142	1807	18.5	757	560	35.2	1220	1045	16.7
南昌	2614	2761	—5.3	2313	2481	—6.8	301	280	7.5
济南	716	725	—1.2				716	725	—1.2
青岛	4923	4581	7.5	325	376	—13.6	4598	4205	9.3
郑州									
武汉	17452	16701	4.5	11899	11882	0.1	5553	4819	15.2
长沙	3093	2244	37.8				3093	2244	37.8
广州	23255	15901	46.2	4438	4292	3.4	17045	9946	71.4
深圳	10061	8466	18.8				10061	8466	18.8
南宁									
海口	50	50		50	50				
重庆	57639	54972	4.9	57388	54812	4.7	251	160	56.9
成都	3162	2575	22.8				3162	2575	22.8
贵阳	1375	1278	7.6	1375	1278	7.6			
昆明	3751	6488	—42.2	1521	4516	—66.3	2230	1972	13.1
西安	2098	1706	23.0	2098	1706	23.0			
兰州	1706	1477	15.5	1706	1477	15.5			
西宁	310	330	—6.1	220	200	10.0			
银川									
乌鲁木齐	1405	899	56.3	69	35	97.1	1336	864	54.6

3—132　35城市限额以上直营连锁餐饮企业从业人员

（按业态分）

单位：人

地　区	2004年	2003年	±%	正餐			快餐		
				2004年	2003年	±%	2004年	2003年	±%
合　计	**190826**	**166902**	**14.3**	**57998**	**57628**	**0.6**	**129961**	**106487**	**22.0**
北　京	37097	31356	18.3	13770	12280	12.1	22612	18501	22.2
天　津	8733	7382	18.3	1228	1284	−4.4	6821	5374	26.9
石家庄									
太　原	1516	1520	−0.3	1447	1451	−0.3	69	69	
呼和浩特									
沈　阳	11200	9400	19.1	1600	1500	6.7	9600	7900	21.5
大　连	2622	2818	−7.0	98	130	−24.6	2524	2688	−6.1
长　春	190	150	26.7	190	150	26.7			
哈尔滨	427	222	92.3	326	102	219.6	101	120	−15.8
上　海	27239	25089	8.6	7300	6200	17.7	19886	18836	5.6
南　京	8306	7532	10.3				8306	7532	10.3
杭　州	13594	10287	32.1	2415	2078	16.2	11179	8209	36.2
宁　波	2411	2284	5.6	2349	2223	5.7	62	61	1.6
合　肥	2422	2274	6.5	1644	1513	8.7	778	761	2.2
福　州	764	766	−0.3				764	766	−0.3
厦　门	2032	1807	12.5	647	560	15.5	1220	1045	16.7
南　昌	1403	1485	−5.5	1102	1205	−8.5	301	280	7.5
济　南	716	725	−1.2				716	725	−1.2
青　岛	4923	4581	7.5	325	376	−13.6	4598	4205	9.3
郑　州									
武　汉	13101	12422	5.5	7548	7603	−0.7	5553	4819	15.2
长　沙	3093	2244	37.8				3093	2244	37.8
广　州	21874	14606	49.8	3669	3557	3.1	17045	9946	71.4
深　圳	10061	8466	18.8				10061	8466	18.8
南　宁									
海　口	50	50		50	50				
重　庆	7270	10808	−32.7	7165	10708	−33.1	105	100	5.0
成　都	2047	1819	12.5				2047	1819	12.5
贵　阳	1375	1278	7.6	1375	1278	7.6			
昆　明	1765	1829	−3.5	361	477	−24.3	1404	1352	3.8
西　安	2098	1706	23.0	2098	1706	23.0			
兰　州	1002	962	4.2	1002	962	4.2			
西　宁	310	330	−6.1	220	200	10.0			
银　川									
乌鲁木齐	1185	704	68.3	69	35	97.1	1116	669	66.8

3—133　35城市限额以上加盟连锁餐饮企业从业人员

（按业态分）

单位：人

地　区	2004年	2003年	±%	正餐			快餐		
				2004年	2003年	±%	2004年	2003年	±%
合　计	**76985**	**70215**	**9.6**	**70124**	**64974**	**7.9**	**5178**	**3724**	**39.0**
北　京	5245	3474	51.0	4260	3311	28.7	985	163	504.3
天　津	1469	1290	13.9	100	126	—20.6	298	207	44.0
石家庄									
太　原	502	578	—13.1	502	578	—13.1			
呼和浩特									
沈　阳	5800	5600	3.6	5800	5600	3.6			
大　连									
长　春									
哈尔滨	227	94	141.5	227	94	141.5			
上　海	1498	1603	—6.6				1498	1603	—6.6
南　京	90	120	—25.0				90	120	—25.0
杭　州									
宁　波	297	317	—6.3	297	317	—6.3			
合　肥	410			410					
福　州									
厦　门	110			110					
南　昌	1211	1276	—5.1	1211	1276	—5.1			
济　南									
青　岛									
郑　州									
武　汉	4351	4279	1.7	4351	4279	1.7			
长　沙									
广　州	1381	1295	6.6	769	735	4.6			
深　圳									
南　宁									
海　口									
重　庆	50369	44164	14.0	50223	44104	13.9	146	60	143.3
成　都	1115	756	47.5				1115	756	47.5
贵　阳									
昆　明	1986	4659	—57.4	1160	4039	—71.3	826	620	33.2
西　安									
兰　州	704	515	36.7	704	515	36.7			
西　宁									
银　川									
乌鲁木齐	220	195	12.8				220	195	12.8

3—134 35城市限额以上连锁餐饮企业营业收入

(按业态分)

单位:万元

地区	2004年	2003年	±%	正餐			快餐		
				2004年	2003年	±%	2004年	2003年	±%
合计	**3344876**	**2058973**	**62.5**	**1029131**	**780799**	**31.8**	**2235012**	**1213300**	**84.2**
北京	492007			212651	159717	33.1	267334	218820	22.2
天津	111394	91922	21.2	17299	15338	12.8	59358	47972	23.7
石家庄									
太原	31487	23470	34.2	15956	12802	24.6	15531	10668	45.6
呼和浩特									
沈阳	152047	134104	13.4	41560	38181	8.8	110487	95923	15.2
大连	26879	23144	16.1	2693	1970	36.7	24187	21174	14.2
长春	1670	1111	50.3	1670	1111	50.3			
哈尔滨	2241	2050	9.3	2009	1781	12.8	231	269	−14.1
上海	316138	263341	20.0	88576	74965	18.2	227355	188128	20.9
南京	86129	71525	20.4				86129	71525	20.4
杭州	188052	144087	30.5	35166	26765	31.4	152886	117321	30.3
宁波	9550	10511	−9.1	9380	10210	−8.1	170	301	−43.5
合肥	23002	17046	34.9	14701	10923	34.6	8300	6123	35.6
福州	15106	20714	−27.1				15106	20714	−27.1
厦门	32466	35401	−8.3	5879	4062	44.7	25671	30318	−15.3
南昌	14177	13958	1.6	13530	13302	1.7	648	655	−1.1
济南	8936	6957	28.4				8936	6957	28.4
青岛	60177	49795	20.8	4177	4244	−1.6	56000	45551	22.9
郑州									
武汉	144538	138675	4.2	82468	84830	−2.8	62070	53845	15.3
长沙	34183	26074	31.1				34183	26074	31.1
广州	987812	189844	420.3	64290	56613	13.6	891041	106684	735.2
深圳	122509	91689	33.6				122509	91689	33.6
南宁									
海口	294	222	32.4	294	222	32.4			
重庆	371523	217990	70.4	370201	217305	70.4	1322	685	93.0
成都	32247	26981	19.5				32247	26981	19.5
贵阳	11379	10595	7.4	11379	10595	7.4			
昆明	31141	32618	−4.5	9488	15440	−38.5	21652	17177	26.1
西安	13983	9693	44.3	13983	9693	44.3			
兰州	8946	8541	4.7	8946	8541	4.7			
西宁	2165	2058	5.2	1796	1714	4.8			
银川									
乌鲁木齐	12699	8221	54.5	1039	477	117.8	11659	7744	50.6

3—135　35城市限额以上直营连锁餐饮企业营业收入

（按业态分）

单位:万元

地区	2004年	2003年	±%	正餐			快餐		
				2004年	2003年	±%	2004年	2003年	±%
合计	**2816242**	**1693949**	**66.3**	**581947**	**478878**	**21.5**	**2191900**	**1182287**	**85.4**
北京	457585	361389	26.6	183497	136646	34.3	262066	216642	21.0
天津	82826	68413	21.1	12922	11316	14.2	50460	42449	18.9
石家庄									
太原	29302	21522	36.1	13771	10854	26.9	15531	10668	45.6
呼和浩特									
沈阳	124824	112065	11.4	14337	16142	−11.2	110487	95923	15.2
大连	26879	23144	16.1	2693	1970	36.7	24187	21174	14.2
长春	1670	1111	50.3	1670	1111	50.3			
哈尔滨	1446	1324	9.2	1214	1055	15.1	231	269	−14.1
上海	302726	251563	20.3	88576	74965	18.2	213943	176350	21.3
南京	85728	71151	20.5				85728	71151	20.5
杭州	188052	144087	30.5	35166	26765	31.4	152886	117321	30.3
宁波	8550	9508	−10.1	8380	9207	−9.0	170	301	−43.5
合肥	19942	17046	17.0	11641	10923	6.6	8300	6123	35.6
福州	15106	20714	−27.1				15106	20714	−27.1
厦门	32380	35401	−8.5	5793	4062	42.6	25671	30318	−15.3
南昌	8814	8375	5.2	8167	7719	5.8	648	655	−1.1
济南	8936	6957	28.4				8936	6957	28.4
青岛	60177	49795	20.8	4177	4244	−1.6	56000	45551	22.9
郑州									
武汉	126609	112012	13.0	64539	58167	11.0	62070	53845	15.3
长沙	34183	26074	31.1				34183	26074	31.1
广州	953974	161590	490.4	53497	46484	15.1	891041	106684	735.2
深圳	122509	91689	33.6				122509	91689	33.6
南宁									
海口	294	222	32.4	294	222	32.4			
重庆	34698	26305	31.9	33968	25840	31.5	730	465	57.0
成都	25863	21506	20.3				25863	21506	20.3
贵阳	11379	10595	7.4	11379	10595	7.4			
昆明	17314	14100	22.8	2138	1787	19.6	15175	12313	23.2
西安	13983	9693	44.3	13983	9693	44.3			
兰州	7309	6921	5.6	7309	6921	5.6			
西宁	2165	2058	5.2	1796	1714	4.8			
银川									
乌鲁木齐	11019	7621	44.6	1039	477	117.8	9979	7144	39.7

3—136 35城市限额以上加盟连锁餐饮企业营业收入

（按业态分）

单位：万元

地区	2004年	2003年	±%	正餐			快餐		
				2004年	2003年	±%	2004年	2003年	±%
合计	**528634**	**365024**	**44.8**	**447184**	**301921**	**48.1**	**43112**	**31013**	**39.0**
北京	34422	25250	36.3	29154	23071	26.4	5268	2178	141.9
天津	28568	23509	21.5	4377	4022	8.8	8898	5523	61.1
石家庄									
太原	2185	1948	12.2	2185	1948	12.2			
呼和浩特									
沈阳	27223	22039	23.5	27223	22039	23.5			
大连									
长春									
哈尔滨	795	726	9.5	795	726	9.5			
上海	13412	11778	13.9				13412	11778	13.9
南京	401	374	7.2				401	374	7.2
杭州									
宁波	1000	1003	−0.3	1000	1003	−0.3			
合肥	3060			3060					
福州									
厦门	86			86					
南昌	5363	5583	−3.9	5363	5583	−3.9			
济南									
青岛									
郑州									
武汉	17929	26663	−32.8	17929	26663	−32.8			
长沙									
广州	33838	28254	19.8	10793	10129	6.6			
深圳									
南宁									
海口									
重庆	336825	191685	75.7	336233	191465	75.6	592	220	169.1
成都	6384	5475	16.6				6384	5475	16.6
贵阳									
昆明	13827	18518	−25.3	7350	13653	−46.2	6477	4864	33.2
西安									
兰州	1637	1620	1.0	1637	1620	1.0			
西宁									
银川									
乌鲁木齐	1680	600	180.0				1680	600	180.0

3—137　35城市限额以上连锁餐饮企业零售额

（按业态分）

单位：万元

地区	2004年	2003年	±%	正餐			快餐		
				2004年	2003年	±%	2004年	2003年	±%
合计	**3315479**	**2044085**	**62.2**	**1012921**	**775803**	**30.6**	**2232772**	**1211270**	**84.3**
北京	479447	384539	24.7	201991	159280	26.8	265435	217156	22.2
天津	100447	84060	19.5	17299	15338	12.8	59358	47972	23.7
石家庄									
太原	28035	21066	33.1	12504	10399	20.2	15531	10668	45.6
呼和浩特									
沈阳	152047	134104	13.4	41560	38181	8.8	110487	95923	15.2
大连	26879	23144	16.1	2693	1970	36.7	24187	21174	14.2
长春	1670	1111	50.3	1670	1111	50.3			
哈尔滨	2241	2050	9.3	2009	1781	12.8	231	269	—14.1
上海	315797	262976	20.1	88576	74965	18.2	227014	187762	20.9
南京	86129	71525	20.4				86129	71525	20.4
杭州	188052	144087	30.5	35166	26765	31.4	152886	117321	30.3
宁波	9550	10511	—9.1	9380	10210	—8.1	170	301	—43.5
合肥	21022	14980	40.3	12722	8857	43.6	8300	6123	35.6
福州	15106	20714	—27.1				15106	20714	—27.1
厦门	32466	35401	—8.3	5879	4062	44.7	25671	30318	—15.3
南昌	14177	13958	1.6	13530	13302	1.7	648	655	—1.1
济南	8936	6957	28.4				8936	6957	28.4
青岛	60177	49795	20.8	4177	4244	—1.6	56000	45551	22.9
郑州									
武汉	144538	138675	4.2	82468	84830	—2.8	62070	53845	15.3
长沙	34183	26074	31.1				34183	26074	31.1
广州	987812	189844	420.3	64290	56613	13.6	891041	106684	735.2
深圳	122509	91689	33.6				122509	91689	33.6
南宁									
海口	294	222	32.4	294	222	32.4			
重庆	371523	217990	70.4	370201	217305	70.4	1322	685	93.0
成都	32247	26981	19.5				32247	26981	19.5
贵阳	11379	10595	7.4	11379	10595	7.4			
昆明	31141	32618	—4.5	9488	15440	—38.5	21652	17177	26.1
西安	13864	9604	44.4	13864	9604	44.4			
兰州	8946	8541	4.7	8946	8541	4.7			
西宁	2165	2058	5.2	1796	1714	4.8			
银川									
乌鲁木齐	12699	8221	54.5	1039	477	117.8	11659	7744	50.6

3—138 35城市限额以上直营连锁餐饮企业零售额

（按业态分）

单位：万元

地区	2004年	2003年	±%	正餐			快餐		
				2004年	2003年	±%	2004年	2003年	±%
合计	2794502	1685676	65.8	567922	475830	19.4	2189698	1180257	85.5
北京	445064	359289	23.9	172837	136209	26.9	260205	214978	21.0
天津	77314	65217	18.5	12922	11316	14.2	50460	42449	18.9
石家庄									
太原	28035	21066	33.1	12504	10399	20.2	15531	10668	45.6
呼和浩特									
沈阳	124824	112065	11.4	14337	16142	−11.2	110487	95923	15.2
大连	26879	23144	16.1	2693	1970	36.7	24187	21174	14.2
长春	1670	1111	50.3	1670	1111	50.3			
哈尔滨	1446	1324	9.2	1214	1055	15.1	231	269	−14.1
上海	302385	251198	20.4	88576	74965	18.2	213602	175984	21.4
南京	85728	71151	20.5				85728	71151	20.5
杭州	188052	144087	30.5	35166	26765	31.4	152886	117321	30.3
宁波	8550	9508	−10.1	8380	9207	−9.0	170	301	−43.5
合肥	17962	14980	19.9	9662	8857	9.1	8300	6123	35.6
福州	15106	20714	−27.1				15106	20714	−27.1
厦门	32380	35401	−8.5	5793	4062	42.6	25671	30318	−15.3
南昌	8814	8375	5.2	8167	7719	5.8	648	655	−1.1
济南	8936	6957	28.4				8936	6957	28.4
青岛	60177	49795	20.8	4177	4244	−1.6	56000	45551	22.9
郑州									
武汉	126609	112012	13.0	64539	58167	11.0	62070	53845	15.3
长沙	34183	26074	31.1				34183	26074	31.1
广州	953974	161590	490.4	53497	46484	15.1	891041	106684	735.2
深圳	122509	91689	33.6				122509	91689	33.6
南宁									
海口	294	222	32.4	294	222	32.4			
重庆	34698	26305	31.9	33968	25840	31.5	730	465	57.0
成都	25863	21506	20.3				25863	21506	20.3
贵阳	11379	10595	7.4	11379	10595	7.4			
昆明	17314	14100	22.8	2138	1787	19.6	15175	12313	23.2
西安	13864	9604	44.4	13864	9604	44.4			
兰州	7309	6921	5.6	7309	6921	5.6			
西宁	2165	2058	5.2	1796	1714	4.8			
银川									
乌鲁木齐	11019	7621	44.6	1039	477	117.8	9979	7144	39.7

3－139　35城市限额以上加盟连锁餐饮企业零售额

（按业态分）

单位:万元

地　区	2004年	2003年	±%	正　　餐			快　　餐		
				2004年	2003年	±%	2004年	2003年	±%
合　计	**520977**	**358409**	**45.4**	**444999**	**299973**	**48.3**	**43074**	**31013**	**38.9**
北　京	34383	25250	36.2	29154	23071	26.4	5230	2178	140.1
天　津	23133	18843	22.8	4377	4022	8.8	8898	5523	61.1
石家庄									
太　原									
呼和浩特									
沈　阳	27223	22039	23.5	27223	22039	23.5			
大　连									
长　春									
哈尔滨	795	726	9.5	795	726	9.5			
上　海	13412	11778	13.9				13412	11778	13.9
南　京	401	374	7.2				401	374	7.2
杭　州									
宁　波	1000	1003	－0.3	1000	1003	－0.3			
合　肥	3060			3060					
福　州									
厦　门	86			86					
南　昌	5363	5583	－3.9	5363	5583	－3.9			
济　南									
青　岛									
郑　州									
武　汉	17929	26663	－32.8	17929	26663	－32.8			
长　沙									
广　州	33838	28254	19.8	10793	10129	6.6			
深　圳									
南　宁									
海　口									
重　庆	336825	191685	75.7	336233	191465	75.6	592	220	169.1
成　都	6384	5475	16.6				6384	5475	16.6
贵　阳									
昆　明	13827	18518	－25.3	7350	13653	－46.2	6477	4864	33.2
西　安									
兰　州	1637	1620	1.0	1637	1620	1.0			
西　宁									
银　川									
乌鲁木齐	1680	600	180.0				1680	600	180.0

3－140　35城市限额以上直营连锁餐饮企业统一配送比重

（按业态分）

单位：%

地　区	2004年	2003年	正　餐		快　餐	
			2004年	2003年	2004年	2003年
合　计	**88.0**	**82.8**	**61.8**	**58.5**	**95.5**	**93.3**
北　京	75.5	75.7	58.1	54.3	90.8	92.1
天　津	95.0	93.7	97.7	90.8	94.8	95.2
石家庄						
太　原	5.3	3.1	10.1	5.2	1.0	1.0
呼和浩特						
沈　阳	88.5	85.6			100.0	100.0
大　连	100.0	100.0	100.0	100.0	100.0	100.0
长　春	100.0	100.0	100.0	100.0		
哈尔滨	25.2	23.9	30.0	30.0		
上　海	99.9	99.9	100.0	100.0	100.0	100.0
南　京	99.1	99.3			99.1	99.3
杭　州	96.2	95.0	97.8	97.3	95.8	94.4
宁　波						
合　肥	68.3	72.7	47.7	57.5	97.3	100.0
福　州	100.0	100.0			100.0	100.0
厦　门	83.7	89.3	12.7	12.1	99.6	99.8
南　昌						
济　南	100.0	100.0			100.0	100.0
青　岛	93.5	92.0	6.4	5.8	100.0	100.0
郑　州						
武　汉	39.0	37.2	18.9	17.5	59.9	58.5
长　沙	100.0	100.0			100.0	100.0
广　州	99.5	96.8	100.0	100.0	99.9	99.3
深　圳	96.8	96.6			96.8	96.6
南　宁						
海　口						
重　庆	59.4	51.2	60.7	52.1		
成　都	50.1	48.8			50.1	48.8
贵　阳						
昆　明	78.8	78.3	100.0	100.0	75.8	75.1
西　安	92.2	93.1	92.2	93.1		
兰　州	31.3	31.1	31.3	31.1		
西　宁	11.9	11.7				
银　川						
乌鲁木齐	100.0	100.0	100.0	100.0	100.0	100.0

3—141　35城市限额以上直营连锁餐饮企业自有配送比重

（按业态分）

单位：%

地区	2004年	2003年	正餐		快餐	
			2004年	2003年	2004年	2003年
合计	**70.8**	**58.9**	**46.9**	**43.9**	**77.4**	**65.1**
北京	43.7	43.3	31.9	28.4	54.0	54.4
天津	60.2	56.3	85.0	77.0	41.0	38.7
石家庄						
太原	5.3	3.1	10.1	5.2	1.0	1.0
呼和浩特						
沈阳	88.5	85.6			100.0	100.0
大连	98.9	98.8	100.0	100.0	98.8	98.7
长春	100.0	100.0	100.0	100.0		
哈尔滨	25.2	23.9	30.0	30.0		
上海	70.5	70.7	68.4	65.9	71.4	72.8
南京	72.4	72.0			72.4	72.0
杭州	95.8	94.7	97.8	97.3	95.4	94.1
宁波						
合肥	53.1	54.1	21.6	28.4	97.3	100.0
福州	100.0	100.0			100.0	100.0
厦门	80.0	62.4	12.7	12.1	95.1	68.6
南昌						
济南	100.0	100.0			100.0	100.0
青岛	93.5	92.0	6.4	5.8	100.0	100.0
郑州						
武汉	38.1	36.2	18.8	17.1	58.2	56.8
长沙	100.0	100.0			100.0	100.0
广州	90.1	51.8	100.0	100.0	89.9	31.3
深圳	18.5	13.5			18.5	13.5
南宁						
海口						
重庆	52.1	46.5	53.2	47.3		
成都	46.2	45.2			46.2	45.2
贵阳						
昆明	77.4	76.8	92.7	94.1	75.3	74.3
西安	69.2	66.9	69.2	66.9		
兰州	30.6	30.3	30.6	30.3		
西宁	11.9	11.7				
银川						
乌鲁木齐	100.0	100.0	100.0	100.0	100.0	100.0

3—142 35城市限额以上直营连锁餐饮企业非自有配送比重

（按业态分）

单位：%

地区	2004年	2003年	正餐		快餐	
			2004年	2003年	2004年	2003年
合计	**17.2**	**23.8**	**14.9**	**14.6**	**18.1**	**28.2**
北京	31.8	32.4	26.2	25.9	36.8	37.7
天津	34.8	37.3	12.8	13.8	53.8	56.5
石家庄						
太原						
呼和浩特						
沈阳						
大连						
长春						
哈尔滨						
上海	29.5	29.2	31.6	34.1	28.6	27.2
南京	26.7	27.3			26.7	27.3
杭州	0.3	0.3			0.4	0.3
宁波						
合肥	15.3	18.6	26.2	29.1		
福州						
厦门	3.7	26.9			4.5	31.2
南昌						
济南						
青岛						
郑州						
武汉	0.9	1.1	0.1	0.4	1.6	1.7
长沙						
广州	9.4	44.9			10.0	68.0
深圳	78.3	83.0			78.3	83.0
南宁						
海口						
重庆	7.3	4.7	7.5	4.8		
成都	3.9	3.6			3.9	3.6
贵阳						
昆明	1.4	1.5	7.3	5.9	0.6	0.8
西安	23.0	26.1	23.0	26.1		
兰州	0.8	0.9	0.8	0.9		
西宁						
银川						
乌鲁木齐						

3－143　35 城市限额以上加盟连锁餐饮企业统一配送比重

（按业态分）

单位：%

地　区	2004 年	2003 年	正　餐		快　餐	
			2004 年	2003 年	2004 年	2003 年
合　计	**43.3**	**42.8**	**43.3**	**42.7**	**68.7**	**76.6**
北　京	4.6	3.4			30.0	39.0
天　津						
石家庄						
太　原	100.0	100.0	100.0	100.0		
呼和浩特						
沈　阳						
大　连						
长　春						
哈尔滨	20.0	20.0	20.0	20.0		
上　海	100.0	100.0			100.0	100.0
南　京	50.0	50.0			50.0	50.0
杭　州						
宁　波						
合　肥	19.0		19.0			
福　州						
厦　门						
南　昌						
济　南						
青　岛						
郑　州						
武　汉	0.4		0.4			
长　沙						
广　州	48.5	47.3	97.8	96.3		
深　圳						
南　宁						
海　口						
重　庆	53.3	58.0	53.4	58.1		
成　都	100.0	100.0			100.0	100.0
贵　阳						
昆　明	49.2	55.8	6.2	40.1	98.0	100.0
西　安						
兰　州	12.0	20.0	12.0	20.0		
西　宁						
银　川						
乌鲁木齐	100.0	100.0			100.0	100.0

3—144 35城市限额以上加盟连锁餐饮企业自有配送比重

（按业态分）

单位：%

地区	2004年	2003年	正餐		快餐	
			2004年	2003年	2004年	2003年
合计	**22.9**	**23.7**	**22.5**	**24.0**	**33.8**	**34.4**
北京	4.6	3.4			30.0	39.0
天津						
石家庄						
太原	100.0	100.0	100.0	100.0		
呼和浩特						
沈阳						
大连						
长春						
哈尔滨	20.0	20.0	20.0	20.0		
上海	30.6	30.5			30.6	30.5
南京	50.0	50.0			50.0	50.0
杭州						
宁波						
合肥	19.0		19.0			
福州						
厦门						
南昌						
济南						
青岛						
郑州						
武汉	0.4		0.4			
长沙						
广州	48.5	47.3	97.8	96.3		
深圳						
南宁						
海口						
重庆	25.7	28.6	25.8	28.6		
成都	15.0	15.0			15.0	15.0
贵阳						
昆明	46.4	54.4	5.1	40.0	93.2	95.0
西安						
兰州	12.0	20.0	12.0	20.0		
西宁						
银川						
乌鲁木齐	100.0	100.0			100.0	100.0

3—145 35城市限额以上加盟连锁餐饮企业非自有配送比重

（按业态分）

单位：%

地区	2004年	2003年	正餐		快餐	
			2004年	2003年	2004年	2003年
合计	20.4	19.0	20.8	18.7	34.9	42.2
北京						
天津						
石家庄						
太原						
呼和浩特						
沈阳						
大连						
长春						
哈尔滨						
上海	69.4	69.5			69.4	69.5
南京						
杭州						
宁波						
合肥						
福州						
厦门						
南昌						
济南						
青岛						
郑州						
武汉						
长沙						
广州						
深圳						
南宁						
海口						
重庆	27.5	29.4	27.6	29.5		
成都	85.0	85.0			85.0	85.0
贵阳						
昆明	2.9	1.4	1.1	0.1	4.8	5.0
西安						
兰州						
西宁						
银川						
乌鲁木齐						

3－146 35城市限额以上连锁餐饮业利润总额

（按业态分）

单位：万元

地区	2004年	2003年	±%	正餐			快餐		
				2004年	2003年	±%	2004年	2003年	±%
合计	**155058**	**130738**	**18.6**	**42915**	**33113**	**29.6**	**110039**	**96466**	**14.1**
北京	25810	24118	7.0	10365	5976	73.4	14861	18022	－17.5
天津	4596	3478	32.1	408	228	78.9	2717	2036	33.4
石家庄									
太原	3718	3289	13.0	1466	1066	37.5	2253	2223	1.3
呼和浩特									
沈阳	16818	15763	6.7	6234	5727	8.9	10584	10036	5.5
大连	2371	509	365.8	2	－132		2370	641	269.7
长春	14	－33		14	－33				
哈尔滨	－4	－184		－29	－216		25	32	－21.9
上海	23740	24230	－2.0	10541	11794	－10.6	13207	12461	6.0
南京	7425	6566	13.1				7425	6566	13.1
杭州	29143	23827	22.3	2292	1421	61.3	26851	22406	19.8
宁波	714	946	－24.5	674	905	－25.5	40	41	－2.4
合肥	－404	－474		－237	94		－167	－568	
福州	－1928	－1854					－1928	－1854	
厦门	4097	1869	119.2	292	－142	－305.6	3802	2005	89.6
南昌	1775	1634	8.6	1715	1555	10.3	60	80	－25.0
济南	－74	－376					－74	－376	
青岛	8052	6437	25.1	93	54	72.2	7960	6384	24.7
郑州									
武汉	100	－1207		－804	－1063		904	－144	
长沙	3813	3022	26.2				3813	3022	26.2
广州	7932	6918	14.7	1984	999	98.6	5934	6092	－2.6
深圳	7428	6804	9.2				7428	6804	9.2
南宁									
海口	20	17	17.6	20	17	17.6			
重庆	6659	4047	64.5	6633	4024	64.8	26	23	13.0
成都	649	23	2721.7				649	23	2721.7
贵阳	155	190	－18.4	155	190	－18.4			
昆明	1148	517	122.1	283	260	8.8	865	257	236.6
西安	1167	611	91.0	1167	611	91.0			
兰州	－344	－163		－344	－163				
西宁	44	－30		5	－46				
银川									
乌鲁木齐	425	243	74.9	－12	－12		436	254	71.7

3—147　35城市限额以上连锁餐饮企业资产总额

（按业态分）

单位：万元

地　区	2004年	2003年	±%	正餐			快餐		
				2004年	2003年	±%	2004年	2003年	±%
合　计	**1250457**	**1097558**	**13.9**	**482059**	**413773**	**16.5**	**732894**	**654325**	**12.0**
北　京	257528	235582	9.3	113929	109311	4.2	136334	120338	13.3
天　津	107962	91394	18.1	14973	13747	8.9	71644	59167	21.1
石家庄									
太　原	26889	23170	16.1	19218	17483	9.9	7671	5687	34.9
呼和浩特									
沈　阳	54073	50986	6.1	7563	6341	19.3	46510	44646	4.2
大　连	18863	16345	15.4	1492	1021	46.1	17371	15324	13.4
长　春	2840	2808	1.1	2840	2808	1.1			
哈尔滨	-217	83		-471	-202		253	285	-11.2
上　海	113602	91104	24.7	58875	37970	55.1	54456	53041	2.7
南　京	41660	38575	8.0				41660	38575	8.0
杭　州	77102	68149	13.1	21870	20352	7.5	55231	47797	15.6
宁　波	32212	29262	10.1	32006	29061	10.1	206	201	2.5
合　肥	13049	10040	30.0	7878	5237	50.4	5171	4803	7.7
福　州	15958	15896	0.4				15958	15896	0.4
厦　门	22658	19429	16.6	2458	1734	41.8	19961	17451	14.4
南　昌	12017	6436	86.7	11777	6199	90.0	240	237	1.3
济　南	3141	4041	-22.3				3141	4041	-22.3
青　岛	30131	24882	21.1	2720	2174	25.1	27411	22708	20.7
郑　州									
武　汉	87094	86285	0.9	59039	55941	5.5	28056	30344	-7.5
长　沙	19842	18122	9.5				19842	18122	9.5
广　州	147692	131475	12.3	58055	55581	4.5	83677	71505	17.0
深　圳	60077	50160	19.8				60077	50160	19.8
南　宁									
海　口	356	368	-3.3	356	368	-3.3			
重　庆	34370	21699	58.4	34324	21657	58.5	47	42	11.9
成　都	20432	20136	1.5				20432	20136	1.5
贵　阳	10399	8620	20.6	10399	8620	20.6			
昆　明	8824	7948	11.0	1737	1073	61.9	7087	6875	3.1
西　安	16918	14471	16.9	16918	14471	16.9			
兰　州	3508	2262	55.1	3508	2262	55.1			
西　宁	990	851	16.3	565	530	6.6			
银　川									
乌鲁木齐	10487	6980	50.2	29	35	-17.1	10458	6946	50.6

3—148　35 城市限额以上连锁餐饮企业负债总额

（按业态分）

单位:万元

地　区	2004 年	2003 年	±%	正　餐			快　餐		
				2004 年	2003 年	±%	2004 年	2003 年	±%
合　计	**747870**	**630752**	**18.6**	**302149**	**231875**	**30.3**	**427380**	**383343**	**11.5**
北　京	143174	120864	18.5	61479	48155	27.7	76776	69028	11.2
天　津	67604	56305	20.1	10092	9159	10.2	46978	37781	24.3
石家庄									
太　原	16841	15773	6.8	14562	14641	—0.5	2279	1132	101.3
呼和浩特									
沈　阳	21755	26188	—16.9	2963	2535	16.9	18792	23654	—20.6
大　连	16693	5759	189.9	2324	1883	23.4	14369	3876	270.7
长　春	767	319	140.4	767	319	140.4			
哈尔滨	—222	269		—433	68	—736.8	210	201	4.5
上　海	76347	45873	66.4	38590	11740	228.7	37485	34046	10.1
南　京	28845	26861	7.4				28845	26861	7.4
杭　州	35044	29732	17.9	16194	15253	6.2	18851	14479	30.2
宁　波	26391	21906	20.5	26301	21824	20.5	90	82	9.8
合　肥	10746	8040	33.7	6116	3936	55.4	4630	4104	12.8
福　州	11513	12056	—4.5				11513	12056	—4.5
厦　门	11795	11154	5.7	774	653	18.5	10963	10443	5.0
南　昌	7224	2955	144.5	7224	2955	144.5			
济　南	1743	2569	—32.2				1743	2569	—32.2
青　岛	16368	12961	26.3	1358	1442	—5.8	15010	11519	30.3
郑　州									
武　汉	77879	69062	12.8	48029	38318	25.3	29850	30743	—2.9
长　沙	12645	10003	26.4				12645	10003	26.4
广　州	83393	80165	4.0	37020	36001	2.8	44001	41964	4.9
深　圳	33410	30197	10.6				33410	30197	10.6
南　宁									
海　口	30	40	—25.0	30	40	—25.0			
重　庆	11858	9270	27.9	11858	9270	27.9			
成　都	13382	14234	—6.0				13382	14234	—6.0
贵　阳	5688	3879	46.6	5688	3879	46.6			
昆　明	3317	3725	—11.0	396	405	—2.2	2921	3321	—12.0
西　安	9051	7872	15.0	9051	7872	15.0			
兰　州	1536	1301	18.1	1536	1301	18.1			
西　宁	375	326	15.0	189	183	3.3			
银　川									
乌鲁木齐	2679	1097	144.2	41	46	—10.9	2638	1051	151.0

3－149　三大地带限额以上连锁餐饮企业门店数

（按业态分）

单位：个

地　区	2004年	2003年	±%	正餐			快餐		
				2004年	2003年	±%	2004年	2003年	±%
全　国	**6968**	**6127**	**13.7**	**2789**	**2686**	**3.8**	**2678**	**2277**	**17.6**
三大地带	**4331**	**3575**	**21.1**	**700**	**620**	**12.9**	**2195**	**1863**	**17.8**
环渤海	**1893**	**1634**	**15.9**	**374**	**365**	**2.5**	**930**	**769**	**20.9**
北　京	836	688	21.5	201	185	8.6	552	459	20.3
天　津	668	592	12.8	21	24	-12.5	141	112	25.9
唐　山									
沈　阳	268	246	8.9	140	142	-1.4	128	104	23.1
大　连	38	33	15.2	1	2	-50.0	37	31	19.4
济　南	9	9					9	9	
青　岛	74	66	12.1	11	12	-8.3	63	54	16.7
长三角	**1813**	**1456**	**24.5**	**242**	**181**	**33.7**	**829**	**739**	**12.2**
上　海	467	439	6.4	83	63	31.7	377	369	2.2
南　京	113	100	13.0				113	100	13.0
苏　州	462	356	29.8				61	56	8.9
无　锡	34	27	25.9				34	27	25.9
常　州	481	330	45.8	107	76	40.8	69	54	27.8
镇　江									
南　通									
扬　州									
泰　州									
杭　州	209	160	30.6	42	33	27.3	167	127	31.5
宁　波	12	11	9.1	10	9	11.1	2	2	
嘉　兴	18	17	5.9						
湖　州	11	12	-8.3						
绍　兴									
舟　山	6	4	50.0				6	4	50.0
台　州									
珠三角	**625**	**485**	**28.9**	**84**	**74**	**13.5**	**436**	**355**	**22.8**
广　州	409	300	36.3	80	69	15.9	224	175	28.0
深　圳	195	169	15.4				195	169	15.4
珠　海	4	5	-20.0	4	5	-20.0			
佛　山									
江　门									
东　莞	17	11	54.5				17	11	54.5
中　山									
惠　州									
肇　庆									

3—150 三大地带限额以上直营连锁餐饮企业门店数

（按业态分）

单位：个

地区	2004年	2003年	±%	正餐			快餐		
				2004年	2003年	±%	2004年	2003年	±%
全国	**4359**	**3735**	**16.7**	**930**	**865**	**7.5**	**2467**	**2140**	**15.3**
三大地带	**3493**	**2896**	**20.6**	**507**	**437**	**16.0**	**2082**	**1794**	**16.1**
环渤海	**1209**	**1040**	**16.3**	**227**	**216**	**5.1**	**861**	**739**	**16.5**
北京	759	643	18.0	161	147	9.5	515	452	13.9
天津	163	147	10.9	16	17	−5.9	109	89	22.5
唐山									
沈阳	166	142	16.9	38	38		128	104	23.1
大连	38	33	15.2	1	2	−50.0	37	31	19.4
济南	9	9					9	9	
青岛	74	66	12.1	11	12	−8.3	63	54	16.7
长三角	**1751**	**1404**	**24.7**	**228**	**172**	**32.6**	**785**	**700**	**12.1**
上海	442	412	7.3	83	63	31.7	352	342	2.9
南京	110	97	13.4				110	97	13.4
苏州	452	347	30.3				51	47	8.5
无锡	34	27	25.9				34	27	25.9
常州	463	323	43.3	95	69	37.7	63	54	16.7
镇江									
南通									
扬州									
泰州									
杭州	209	160	30.6	42	33	27.3	167	127	31.5
宁波	10	9	11.1	8	7	14.3	2	2	
嘉兴	18	17	5.9						
湖州	7	8	−12.5						
绍兴									
舟山	6	4	50.0				6	4	50.0
台州									
珠三角	**533**	**452**	**17.9**	**52**	**49**	**6.1**	**436**	**355**	**22.8**
广州	318	268	18.7	49	45	8.9	224	175	28.0
深圳	195	169	15.4				195	169	15.4
珠海	3	4	−25.0	3	4	−25.0			
佛山									
江门									
东莞	17	11	54.5				17	11	54.5
中山									
惠州									
肇庆									

3-151 三大地带限额以上加盟连锁餐饮企业门店数

（按业态分）

单位：个

地区	2004年	2003年	±%	正餐			快餐		
				2004年	2003年	±%	2004年	2003年	±%
全国	**2609**	**2392**	**9.1**	**1859**	**1821**	**2.1**	**211**	**137**	**54.0**
三大地带	**838**	**679**	**23.4**	**193**	**183**	**5.5**	**113**	**69**	**63.8**
环渤海	**684**	**594**	**15.2**	**147**	**149**	**-1.3**	**69**	**30**	**130.0**
北京	77	45	71.1	40	38	5.3	37	7	428.6
天津	505	445	13.5	5	7	-28.6	32	23	39.1
唐山									
沈阳	102	104	-1.9	102	104	-1.9			
大连									
济南									
青岛									
长三角	**62**	**52**	**19.2**	**14**	**9**	**55.6**	**44**	**39**	**12.8**
上海	25	27	-7.4				25	27	-7.4
南京	3	3					3	3	
苏州	10	9	11.1				10	9	11.1
无锡									
常州	18	7	157.1	12	7	71.4	6		
镇江									
南通									
扬州									
泰州									
杭州									
宁波	2	2		2	2				
嘉兴									
湖州	4	4							
绍兴									
舟山									
台州									
珠三角	**92**	**33**	**178.8**	**32**	**25**	**28.0**			
广州	91	32	184.4	31	24	29.2			
深圳									
珠海	1	1		1	1				
佛山									
江门									
东莞									
中山									
惠州									
肇庆									

3－152 三大地带限额以上连锁餐饮企业营业面积

（按业态分）

单位：平方米

地区	2004年	2003年	±%	正餐			快餐		
				2004年	2003年	±%	2004年	2003年	±%
全国	**3465846**	**3045955**	**13.8**	**2397799**	**2140225**	**12.0**	**1006595**	**853250**	**18.0**
三大地带	**1496642**	**1283951**	**16.6**	**612682**	**537389**	**14.0**	**826142**	**698222**	**18.3**
环渤海	**750235**	**642334**	**16.8**	**366006**	**327556**	**11.7**	**360263**	**293183**	**22.9**
北京	392245	318455	23.2	197308	162869	21.1	186021	148154	25.6
天津	111150	98585	12.7	22771	24987	－8.9	73329	59435	23.4
唐山									
沈阳	183559	165968	10.6	129700	121500	6.7	53859	44468	21.1
大连	16924	15284	10.7	2800	3000	－6.7	14124	12284	15.0
济南	4449	4449					4449	4449	
青岛	41908	39593	5.8	13427	15200	－11.7	28481	24393	16.8
长三角	**505005**	**432412**	**16.8**	**187537**	**154371**	**21.5**	**306157**	**269057**	**13.8**
上海	228435	216798	5.4	84517	76051	11.1	143477	139873	2.6
南京	44389	41865	6.0				44389	41865	6.0
苏州	17685	8750	102.1				16803	8090	107.7
无锡	14238	10980	29.7				14238	10980	29.7
常州	39108	28400	37.7	20000	13450	48.7	18620	14750	26.2
镇江									
南通									
扬州									
泰州									
杭州	105975	83044	27.6	39700	31550	25.8	66275	51494	28.7
宁波	44275	34275	29.2	43320	33320	30.0	955	955	
嘉兴	7000	4500	55.6						
湖州	2500	2750	－9.1						
绍兴									
舟山	1400	1050	33.3				1400	1050	33.3
台州									
珠三角	**241402**	**209205**	**15.4**	**59139**	**55462**	**6.6**	**159722**	**135982**	**17.5**
广州	152533	130181	17.2	49779	44722	11.3	80213	67698	18.5
深圳	74074	64282	15.2				74074	64282	15.2
珠海	9360	10740	－12.8	9360	10740	－12.8			
佛山									
江门									
东莞	5435	4002	35.8				5435	4002	35.8
中山									
惠州									
肇庆									

3—153　三大地带限额以上直营连锁餐饮企业营业面积

（按业态分）

单位：平方米

地　区	2004年	2003年	±%	正餐			快餐		
				2004年	2003年	±%	2004年	2003年	±%
全　国	**2029653**	**1798667**	**12.8**	**1047867**	**952254**	**10.0**	**937804**	**805966**	**16.4**
三大地带	**1263218**	**1083277**	**16.6**	**438153**	**375836**	**16.6**	**784517**	**670934**	**16.9**
环渤海	**563446**	**483401**	**16.6**	**208027**	**182386**	**14.1**	**336401**	**283493**	**18.7**
北　京	321391	270314	18.9	140880	117366	20.0	171595	145516	17.9
天　津	94815	84093	12.8	20820	21620	－3.7	63893	52383	22.0
唐　山									
沈　阳	83959	69668	20.5	30100	25200	19.4	53859	44468	21.1
大　连	16924	15284	10.7	2800	3000	－6.7	14124	12284	15.0
济　南	4449	4449					4449	4449	
青　岛	41908	39593	5.8	13427	15200	－11.7	28481	24393	16.8
长三角	**481262**	**409494**	**17.5**	**182057**	**149601**	**21.7**	**288394**	**251459**	**14.7**
上　海	214222	200730	6.7	84517	76051	11.1	129264	123805	4.4
南　京	43689	41265	5.9				43689	41265	5.9
苏　州	16635	7820	112.7				15753	7160	120.0
无　锡	14238	10980	29.7				14238	10980	29.7
常　州	36108	27910	29.4	18800	12960	45.1	16820	14750	14.0
镇　江									
南　通									
扬　州									
泰　州									
杭　州	105975	83044	27.6	39700	31550	25.8	66275	51494	28.7
宁　波	39995	29995	33.3	39040	29040	34.4	955	955	
嘉　兴	7000	4500	55.6						
湖　州	2000	2200	－9.1						
绍　兴									
舟　山	1400	1050	33.3				1400	1050	33.3
台　州									
珠三角	**218510**	**190382**	**14.8**	**48069**	**43849**	**9.6**	**159722**	**135982**	**17.5**
广　州	136071	117788	15.5	45139	39539	14.2	80213	67698	18.5
深　圳	74074	64282	15.2				74074	64282	15.2
珠　海	2930	4310	－32.0	2930	4310	－32.0			
佛　山									
江　门									
东　莞	5435	4002	35.8				5435	4002	35.8
中　山									
惠　州									
肇　庆									

3—154 三大地带限额以上加盟连锁餐饮企业营业面积

（按业态分）

单位：平方米

地区	2004年	2003年	±%	正餐			快餐		
				2004年	2003年	±%	2004年	2003年	±%
全国	**1436193**	**1247288**	**15.1**	**1349932**	**1187971**	**13.6**	**68791**	**47284**	**45.5**
三大地带	**233424**	**200674**	**16.3**	**174529**	**161553**	**8.0**	**41625**	**27288**	**52.5**
环渤海	**186789**	**158933**	**17.5**	**157979**	**145170**	**8.8**	**23862**	**9690**	**146.3**
北京	70854	48141	47.2	56428	45503	24.0	14426	2638	446.9
天津	16335	14492	12.7	1951	3367	－42.1	9436	7052	33.8
唐山									
沈阳	99600	96300	3.4	99600	96300	3.4			
大连									
济南									
青岛									
长三角	**23743**	**22918**	**3.6**	**5480**	**4770**	**14.9**	**17763**	**17598**	**0.9**
上海	14213	16068	－11.5				14213	16068	－11.5
南京	700	600	16.7				700	600	16.7
苏州	1050	930	12.9				1050	930	12.9
无锡									
常州	3000	490	512.2	1200	490	144.9	1800		
镇江									
南通									
扬州									
泰州									
杭州									
宁波	4280	4280		4280	4280				
嘉兴									
湖州	500	550	－9.1						
绍兴									
舟山									
台州									
珠三角	**22892**	**18823**	**21.6**	**11070**	**11613**	**－4.7**			
广州	16462	12393	32.8	4640	5183	－10.5			
深圳									
珠海	6430	6430		6430	6430				
佛山									
江门									
东莞									
中山									
惠州									
肇庆									

3—155　三大地带限额以上连锁餐饮企业从业人员

（按业态分）

单位：人

地　区	2004年	2003年	±%	正餐			快餐		
				2004年	2003年	±%	2004年	2003年	±%
全　国	**341761**	**305491**	**11.9**	**190543**	**182812**	**4.2**	**145103**	**117239**	**23.8**
三大地带	**179020**	**148585**	**20.5**	**47326**	**42332**	**11.8**	**125874**	**101185**	**24.4**
环渤海	**77805**	**66626**	**16.8**	**27181**	**24607**	**10.5**	**48154**	**39763**	**21.1**
北　京	42342	34830	21.6	18030	15591	15.6	23597	[illegible]	26.4
天　津	10202	8672	17.6	1328	1410	−5.8	7119	[illegible]	27.6
唐　山									
沈　阳	17000	15000	13.3	7400	7100	4.2	9600	7900	21.5
大　连	2622	2818	−7.0	98	130	−24.6	2524	2688	−6.1
济　南	716	725	−1.2				716	725	−1.2
青　岛	4923	4581	7.5	325	376	−13.6	4598	4205	9.3
长三角	**66595**	**56538**	**17.8**	**15361**	**13043**	**17.8**	**49656**	**42346**	**17.3**
上　海	28737	26692	7.7	7300	6200	17.7	21384	20439	4.6
南　京	8396	7652	9.7				8396	7652	9.7
苏　州	4296	3443	24.8				3825	3073	24.5
无　锡	2525	1270	98.8				2525	1270	98.8
常　州	5476	3977	37.7	3000	2225	34.8	2145	1542	39.1
镇　江									
南　通									
扬　州									
泰　州									
杭　州	13594	10287	32.1	2415	2078	16.2	11179	8209	36.2
宁　波	2708	2601	4.1	2646	2540	4.2	62	61	1.6
嘉　兴	377	150	151.3						
湖　州	346	366	−5.5						
绍　兴									
舟　山	140	100	40.0				140	100	40.0
台　州									
珠三角	**34620**	**25421**	**36.2**	**4784**	**4682**	**2.2**	**28064**	**19076**	**47.1**
广　州	23255	15901	46.2	4438	4292	3.4	17045	9946	71.4
深　圳	10061	8466	18.8				10061	8466	18.8
珠　海	346	390	−11.3	346	390	−11.3			
佛　山									
江　门									
东　莞	958	664	44.3				958	664	44.3
中　山									
惠　州									
肇　庆									

3—156 三大地带限额以上直营连锁餐饮企业从业人员

（按业态分）

单位：人

地区	2004年	2003年	±%	正餐			快餐		
				2004年	2003年	±%	2004年	2003年	±%
全　国	**218708**	**192374**	**13.7**	**74682**	**75137**	**−0.6**	**139705**	**113425**	**23.2**
三大地带	**162651**	**134537**	**20.9**	**35817**	**32070**	**11.7**	**122783**	**99002**	**24.0**
环渤海	**65291**	**56262**	**16.0**	**17021**	**15570**	**9.3**	**46871**	**39393**	**19.0**
北　京	37097	31356	18.3	13770	12280	12.1	22612	18501	22.2
天　津	8733	7382	18.3	1228	1284	−4.4	6821	5374	26.9
唐　山									
沈　阳	11200	9400	19.1	1600	1500	6.7	9600	7900	21.5
大　连	2622	2818	−7.0	98	130	−24.6	2524	2688	−6.1
济　南	716	725	−1.2				716	725	−1.2
青　岛	4923	4581	7.5	325	376	−13.6	4598	4205	9.3
长三角	**64224**	**54252**	**18.4**	**14884**	**12656**	**17.6**	**47848**	**40533**	**18.0**
上　海	27239	25089	8.6	7300	6200	17.7	19886	18836	5.6
南　京	8306	7532	10.3				8306	7532	10.3
苏　州	4196	3353	25.1				3725	2983	24.9
无　锡	2525	1270	98.8				2525	1270	98.8
常　州	5176	3907	32.5	2820	2155	30.9	2025	1542	31.3
镇　江									
南　通									
扬　州									
泰　州									
杭　州	13594	10287	32.1	2415	2078	16.2	11179	8209	36.2
宁　波	2411	2284	5.6	2349	2223	5.7	62	61	1.6
嘉　兴	377	150	151.3						
湖　州	260	280	−7.1						
绍　兴									
舟　山	140	100	40.0				140	100	40.0
台　州									
珠三角	**33136**	**24023**	**37.9**	**3912**	**3844**	**1.8**	**28064**	**19076**	**47.1**
广　州	21874	14606	49.8	3669	3557	3.1	17045	9946	71.4
深　圳	10061	8466	18.8				10061	8466	18.8
珠　海	243	287	−15.3	243	287	−15.3			
佛　山									
江　门									
东　莞	958	664	44.3				958	664	44.3
中　山									
惠　州									
肇　庆									

3—157　三大地带限额以上加盟连锁餐饮企业从业人员

（按业态分）

单位：人

地　区	2004年	2003年	±%	正　餐			快　餐		
				2004年	2003年	±%	2004年	2003年	±%
全　国	**123053**	**113117**	**8.8**	**115861**	**107675**	**7.6**	**5398**	**3814**	**41.5**
三大地带	**16369**	**14048**	**16.5**	**11509**	**10262**	**12.2**	**3091**	**2183**	**41.6**
环渤海	**12514**	**10364**	**20.7**	**10160**	**9037**	**12.4**	**1283**	**370**	**246.8**
北　京	5245	3474	51.0	4260	3311	28.7	985	163	504.3
天　津	1469	1290	13.9	100	126	－20.6	298	207	44.0
唐　山									
沈　阳	5800	5600	3.6	5800	5600	3.6			
大　连									
济　南									
青　岛									
长三角	**2371**	**2286**	**3.7**	**477**	**387**	**23.3**	**1808**	**1813**	**－0.3**
上　海	1498	1603	－6.6				1498	1603	－6.6
南　京	90	120	－25.0				90	120	－25.0
苏　州	100	90	11.1				100	90	11.1
无　锡									
常　州	300	70	328.6	180	70	157.1	120		
镇　江									
南　通									
扬　州									
泰　州									
杭　州									
宁　波	297	317	－6.3	297	317	－6.3			
嘉　兴									
湖　州	86	86							
绍　兴									
舟　山									
台　州									
珠三角	**1484**	**1398**	**6.2**	**872**	**838**	**4.1**			
广　州	1381	1295	6.6	769	735	4.6			
深　圳									
珠　海	103	103		103	103				
佛　山									
江　门									
东　莞									
中　山									
惠　州									
肇　庆									

3—158 三大地带限额以上连锁餐饮企业营业收入

（按业态分）

单位:万元

地区	2004年	2003年	±%	正餐			快餐		
				2004年	2003年	±%	2004年	2003年	±%
全国	**3997191**	**2569981**	**55.5**	**1546257**	**1193908**	**29.5**	**2351097**	**1298333**	**81.1**
三大地带	**2722960**	**1580430**	**72.3**	**504114**	**408587**	**23.4**	**2120457**	**1095609**	**93.5**
环渤海	**851440**	**692560**	**22.9**	**278379**	**219449**	**26.9**	**526301**	**436398**	**20.6**
北京	492007	386639	27.3	212651	159717	33.1	267334	218820	22.2
天津	111394	91922	21.2	17299	15338	12.8	59358	47972	23.7
唐山									
沈阳	152047	134104	13.4	41560	38181	8.8	110487	95923	15.2
大连	26879	23144	16.1	2693	1970	36.7	24187	21174	14.2
济南	8936	6957	28.4				8936	6957	28.4
青岛	60177	49795	20.8	4177	4244	−1.6	56000	45551	22.9
长三角	**742172**	**591572**	**25.5**	**155586**	**126032**	**23.4**	**567437**	**452568**	**25.4**
上海	316138	263341	20.0	88576	74965	18.2	227355	188128	20.9
南京	86129	71525	20.4				86129	71525	20.4
苏州	53819	39200	37.3				48177	34983	37.7
无锡	32529	25038	29.9				32529	25038	29.9
常州	45723	30412	50.3	22464	14092	59.4	20131	15226	32.2
镇江									
南通									
扬州									
泰州									
杭州	188052	144087	30.5	35166	26765	31.4	152886	117321	30.3
宁波	9550	10511	−9.1	9380	10210	−8.1	170	301	−43.5
嘉兴	9457	6743	40.2						
湖州	715	671	6.6						
绍兴									
舟山	60	45	33.3				60	45	33.3
台州									
珠三角	**1129348**	**296297**	**281.2**	**70147**	**63107**	**11.2**	**1026719**	**206644**	**396.9**
广州	987812	189844	420.3	64290	56613	13.6	891041	106684	735.2
深圳	122509	91689	33.6				122509	91689	33.6
珠海	5857	6494	−9.8	5857	6494	−9.8			
佛山									
江门									
东莞	13169	8271	59.2				13169	8271	59.2
中山									
惠州									
肇庆									

3—159 三大地带限额以上直营连锁餐饮企业营业收入

（按业态分）

单位：万元

地区	2004年	2003年	±%	正餐			快餐		
				2004年	2003年	±%	2004年	2003年	±%
全国	**3050190**	**1917627**	**59.1**	**681520**	**605008**	**12.6**	**2307396**	**1267222**	**82.1**
三大地带	**2580004**	**1465723**	**76.0**	**428185**	**346085**	**23.7**	**2091889**	**1075657**	**94.5**
环渤海	**761227**	**621763**	**22.4**	**217625**	**170318**	**27.8**	**512135**	**428696**	**19.5**
北京	457585	361389	26.6	183497	136646	34.3	262066	216642	21.0
天津	82826	68413	21.1	12922	11316	14.2	50460	42449	18.9
唐山									
沈阳	124824	112065	11.4	14337	16142	—11.2	110487	95923	15.2
大连	26879	23144	16.1	2693	1970	36.7	24187	21174	14.2
济南	8936	6957	28.4				8936	6957	28.4
青岛	60177	49795	20.8	4177	4244	—1.6	56000	45551	22.9
长三角	**725093**	**577723**	**25.5**	**153031**	**124597**	**22.8**	**553035**	**440318**	**25.6**
上海	302726	251563	20.3	88576	74965	18.2	213943	176350	21.3
南京	85728	71151	20.5				85728	71151	20.5
苏州	53632	39102	37.2				47990	34885	37.6
无锡	32529	25038	29.9				32529	25038	29.9
常州	43766	29980	46.0	20909	13660	53.1	19729	15226	29.6
镇江									
南通									
扬州									
泰州									
杭州	188052	144087	30.5	35166	26765	31.4	152886	117321	30.3
宁波	8550	9508	—10.1	8380	9207	—9.0	170	301	—43.5
嘉兴	9457	6743	40.2						
湖州	593	507	17.0						
绍兴									
舟山	60	45	33.3				60	45	33.3
台州									
珠三角	**1093684**	**266236**	**310.8**	**57528**	**51171**	**12.4**	**1026719**	**206644**	**396.9**
广州	953974	161590	490.4	53497	46484	15.1	891041	106684	735.2
深圳	122509	91689	33.6				122509	91689	33.6
珠海	4031	4687	—14.0	4031	4687	—14.0			
佛山									
江门									
东莞	13169	8271	59.2				13169	8271	59.2
中山									
惠州									
肇庆									

3－160 三大地带限额以上加盟连锁餐饮企业营业收入

（按业态分）

单位:万元

地区	2004年	2003年	±%	正餐			快餐		
				2004年	2003年	±%	2004年	2003年	±%
全国	**947001**	**652354**	**45.2**	**864737**	**588900**	**46.8**	**43701**	**31111**	**40.5**
三大地带	**142956**	**114707**	**24.6**	**75929**	**62502**	**21.5**	**28568**	**19952**	**43.2**
环渤海	**90213**	**70797**	**27.4**	**60754**	**49131**	**23.7**	**14166**	**7702**	**83.9**
北京	34422	25250	36.3	29154	23071	26.4	5268	2178	141.9
天津	28568	23509	21.5	4377	4022	8.8	8898	5523	61.1
唐山									
沈阳	27223	22039	23.5	27223	22039	23.5			
大连									
济南									
青岛									
长三角	**17079**	**13849**	**23.3**	**2555**	**1435**	**78.0**	**14402**	**12250**	**17.6**
上海	13412	11778	13.9				13412	11778	13.9
南京	401	374	7.2				401	374	7.2
苏州	187	98	90.8				187	98	90.8
无锡									
常州	1957	432	353.0	1555	432	260.0	402		
镇江									
南通									
扬州									
泰州									
杭州									
宁波	1000	1003	－0.3	1000	1003	－0.3			
嘉兴									
湖州	122	164	－25.6						
绍兴									
舟山									
台州									
珠三角	**35664**	**30061**	**18.6**	**12619**	**11936**	**5.7**			
广州	33838	28254	19.8	10793	10129	6.6			
深圳									
珠海	1826	1807	1.1	1826	1807	1.1			
佛山									
江门									
东莞									
中山									
惠州									
肇庆									

3－161　三大地带限额以上连锁餐饮业零售额

（按业态分）

单位：万元

地区	2004年	2003年	±%	正餐			快餐		
				2004年	2003年	±%	2004年	2003年	±%
全　国	**3965040**	**2552373**	**55.3**	**1527293**	**1186191**	**28.8**	**2348857**	**1296304**	**81.2**
三大地带	**2699113**	**1570101**	**71.9**	**493454**	**408150**	**20.9**	**2118216**	**1093579**	**93.7**
环渤海	**827934**	**682597**	**21.3**	**267719**	**219012**	**22.2**	**524402**	**434734**	**20.6**
北　京	479447	384539	24.7	201991	159280	26.8	265435	217156	22.2
天　津	100447	84060	19.5	17299	15338	12.8	59358	47972	23.7
唐　山									
沈　阳	152047	134104	13.4	41560	38181	8.8	110487	95923	15.2
大　连	26879	23144	16.1	2693	1970	36.7	24187	21174	14.2
济　南	8936	6957	28.4				8936	6957	28.4
青　岛	60177	49795	20.8	4177	4244	－1.6	56000	45551	22.9
长三角	**741831**	**591207**	**25.5**	**155586**	**126032**	**23.4**	**567096**	**452202**	**25.4**
上　海	315797	262976	20.1	88576	74965	18.2	227014	187762	20.9
南　京	86129	71525	20.4				86129	71525	20.4
苏　州	53819	39200	37.3				48177	34983	37.7
无　锡	32529	25038	29.9				32529	25038	29.9
常　州	45723	30412	50.3	22464	14092	59.4	20131	15226	32.2
镇　江									
南　通									
扬　州									
泰　州									
杭　州	188052	144087	30.5	35166	26765	31.4	152886	117321	30.3
宁　波	9550	10511	－9.1	9380	10210	－8.1	170	301	－43.5
嘉　兴	9457	6743	40.2						
湖　州	715	671	6.6						
绍　兴									
舟　山	60	45	33.3				60	45	33.3
台　州									
珠三角	**1129348**	**296297**	**281.2**	**70147**	**63107**	**11.2**	**1026719**	**206644**	**396.9**
广　州	987812	189844	420.3	64290	56613	13.6	891041	106684	735.2
深　圳	122509	91689	33.6				122509	91689	33.6
珠　海	5857	6494	－9.8	5857	6494	－9.8			
佛　山									
江　门									
东　莞	13169	8271	59.2				13169	8271	59.2
中　山									
惠　州									
肇　庆									

3—162 三大地带限额以上直营连锁餐饮业零售额

（按业态分）

单位:万元

地区	2004年	2003年	±%	正餐			快餐		
				2004年	2003年	±%	2004年	2003年	±%
全国	**3025697**	**1906634**	**58.7**	**664741**	**599240**	**10.9**	**2305194**	**1265193**	**82.2**
三大地带	**2561629**	**1460060**	**75.4**	**417525**	**345648**	**20.8**	**2089687**	**1073627**	**94.6**
环渤海	**743194**	**616466**	**20.6**	**206965**	**169881**	**21.8**	**510275**	**427032**	**19.5**
北京	445064	359289	23.9	172837	136209	26.9	260205	214978	21.0
天津	77314	65217	18.5	12922	11316	14.2	50460	42449	18.9
唐山									
沈阳	124824	112065	11.4	14337	16142	—11.2	110487	95923	15.2
大连	26879	23144	16.1	2693	1970	36.7	24187	21174	14.2
济南	8936	6957	28.4				8936	6957	28.4
青岛	60177	49795	20.8	4177	4244	—1.6	56000	45551	22.9
长三角	**724752**	**577358**	**25.5**	**153031**	**124597**	**22.8**	**552694**	**439952**	**25.6**
上海	302385	251198	20.4	88576	74965	18.2	213602	175984	21.4
南京	85728	71151	20.5				85728	71151	20.5
苏州	53632	39102	37.2				47990	34885	37.6
无锡	32529	25038	29.9				32529	25038	29.9
常州	43766	29980	46.0	20909	13660	53.1	19729	15226	29.6
镇江									
南通									
扬州									
泰州									
杭州	188052	144087	30.5	35166	26765	31.4	152886	117321	30.3
宁波	8550	9508	—10.1	8380	9207	—9.0	170	301	—43.5
嘉兴	9457	6743	40.2						
湖州	593	507	17.0						
绍兴									
舟山	60	45	33.3				60	45	33.3
台州									
珠三角	**1093684**	**266236**	**310.8**	**57528**	**51171**	**12.4**	**1026719**	**206644**	**396.9**
广州	953974	161590	490.4	53497	46484	15.1	891041	106684	735.2
深圳	122509	91689	33.6				122509	91689	33.6
珠海	4031	4687	—14.0	4031	4687	—14.0			
佛山									
江门									
东莞	13169	8271	59.2				13169	8271	59.2
中山									
惠州									
肇庆									

3—163 三大地带限额以上加盟连锁餐饮业零售额

（按业态分）

单位：万元

地区	2004年	2003年	±%	正餐			快餐		
				2004年	2003年	±%	2004年	2003年	±%
全国	**939343**	**645739**	**45.5**	**862552**	**586951**	**47.0**	**43663**	**31111**	**40.3**
三大地带	**137484**	**110041**	**24.9**	**75929**	**62502**	**21.5**	**28529**	**19952**	**43.0**
环渤海	**84740**	**66131**	**28.1**	**60754**	**49131**	**23.7**	**14127**	**7702**	**83.4**
北京	34383	25250	36.2	29154	23071	26.4	5230	2178	140.1
天津	23133	18843	22.8	4377	4022	8.8	8898	5523	61.1
唐山									
沈阳	27223	22039	23.5	27223	22039	23.5			
大连									
济南									
青岛									
长三角	**17079**	**13849**	**23.3**	**2555**	**1435**	**78.0**	**14402**	**12250**	**17.6**
上海	13412	11778	13.9				13412	11778	13.9
南京	401	374	7.2				401	374	7.2
苏州	187	98	90.8				187	98	90.8
无锡									
常州	1957	432	353.0	1555	432	260.0	402		
镇江									
南通									
扬州									
泰州									
杭州									
宁波	1000	1003	—0.3	1000	1003	—0.3			
嘉兴									
湖州	122	164	—25.6						
绍兴									
舟山									
台州									
珠三角	**35664**	**30061**	**18.6**	**12619**	**11936**	**5.7**			
广州	33838	28254	19.8	10793	10129	6.6			
深圳									
珠海	1826	1807	1.1	1826	1807	1.1			
佛山									
江门									
东莞									
中山									
惠州									
肇庆									

3－164　三大地带限额以上连锁餐饮企业利润总额

（按业态分）

单位：万元

地　区	2004 年	2003 年	±%	正　餐			快　餐		
				2004 年	2003 年	±%	2004 年	2003 年	±%
全　国	**247166**	**196219**	**26.0**	**111073**	**78984**	**40.6**	**132874**	**115229**	**15.3**
三大地带	**159347**	**139999**	**13.8**	**34075**	**28118**	**21.2**	**122115**	**109917**	**11.1**
环渤海	**57574**	**49929**	**15.3**	**17101**	**11852**	**44.3**	**38417**	**36743**	**4.6**
北　京	25810	24118	7.0	10365	5976	73.4	14861	18022	－17.5
天　津	4596	3478	32.1	408	228	78.9	2717	2036	33.4
唐　山									
沈　阳	16818	15763	6.7	6234	5727	8.9	10584	10036	5.5
大　连	2371	509	365.8	2	－132		2370	641	269.7
济　南	－74	－376					－74	－376	
青　岛	8052	6437	25.1	93	54	72.2	7960	6384	24.7
长三角	**84102**	**74640**	**12.7**	**14830**	**15249**	**－2.7**	**68184**	**58589**	**16.4**
上　海	23740	24230	－2.0	10541	11794	－10.6	13207	12461	6.0
南　京	7425	6566	13.1				7425	6566	13.1
苏　州	14067	11152	26.1				13998	11060	26.6
无　锡	5980	5574	7.3				5980	5574	7.3
常　州	2272	1677	35.5	1323	1129	17.2	678	477	42.1
镇　江									
南　通									
扬　州									
泰　州									
杭　州	29143	23827	22.3	2292	1421	61.3	26851	22406	19.8
宁　波	714	946	－24.5	674	905	－25.5	40	41	－2.4
嘉　兴	753	672	12.1						
湖　州	2	－8							
绍　兴									
舟　山	6	5	20.0				6	5	20.0
台　州									
珠三角	**17672**	**15429**	**14.5**	**2144**	**1018**	**110.6**	**15514**	**14585**	**6.4**
广　州	7932	6918	14.7	1984	999	98.6	5934	6092	－2.6
深　圳	7428	6804	9.2				7428	6804	9.2
珠　海	160	19	742.1	160	19	742.1			
佛　山									
江　门									
东　莞	2152	1688	27.5				2152	1688	27.5
中　山									
惠　州									
肇　庆									

3—165 三大地带限额以上连锁餐饮企业资产总额

（按业态分）

单位:万元

地区	2004年	2003年	±%	正餐			快餐		
				2004年	2003年	±%	2004年	2003年	±%
全国	**1387321**	**1205950**	**15.0**	**556050**	**470586**	**18.2**	**772418**	**691549**	**11.7**
三大地带	**1017295**	**890176**	**14.3**	**323239**	**283444**	**14.0**	**635895**	**563512**	**12.8**
环渤海	**471698**	**423230**	**11.5**	**140678**	**132594**	**6.1**	**302411**	**266223**	**13.6**
北京	257528	235582	9.3	113929	109311	4.2	136334	120338	13.3
天津	107962	91394	18.1	14973	13747	8.9	71644	59167	21.1
唐山									
沈阳	54073	50986	6.1	7563	6341	19.3	46510	44646	4.2
大连	18863	16345	15.4	1492	1021	46.1	17371	15324	13.4
济南	3141	4041	—22.3				3141	4041	—22.3
青岛	30131	24882	21.1	2720	2174	25.1	27411	22708	20.7
长三角	**333381**	**278428**	**19.7**	**122162**	**92882**	**31.5**	**187627**	**171128**	**9.6**
上海	113602	91104	24.7	58875	37970	55.1	54456	53041	2.7
南京	41660	38575	8.0				41660	38575	8.0
苏州	16453	14287	15.2				15748	13654	15.3
无锡	12041	10176	18.3				12041	10176	18.3
常州	17801	13269	34.2	9411	5499	71.1	8105	7534	7.6
镇江									
南通									
扬州									
泰州									
杭州	77102	68149	13.1	21870	20352	7.5	55231	47797	15.6
宁波	32212	29262	10.1	32006	29061	10.1	206	201	2.5
嘉兴	22191	13347	66.3						
湖州	139	110	26.4						
绍兴									
舟山	180	150	20.0				180	150	20.0
台州									
珠三角	**212217**	**188519**	**12.6**	**60400**	**57968**	**4.2**	**145857**	**126161**	**15.6**
广州	147692	131475	12.3	58055	55581	4.5	83677	71505	17.0
深圳	60077	50160	19.8				60077	50160	19.8
珠海	2345	2387	—1.8	2345	2387	—1.8			
佛山									
江门									
东莞	2103	4497	—53.2				2103	4497	—53.2
中山									
惠州									
肇庆									

3—166 三大地带限额以上连锁餐饮企业负债总额

（按业态分）

单位:万元

地区	2004年	2003年	±%	正餐			快餐		
				2004年	2003年	±%	2004年	2003年	±%
全国	**826215**	**678483**	**21.8**	**343235**	**254620**	**34.8**	**446530**	**398150**	**12.2**
三大地带	**591715**	**486622**	**21.6**	**201050**	**151130**	**33.0**	**354464**	**310009**	**14.3**
环渤海	**267336**	**224645**	**19.0**	**78216**	**63173**	**23.8**	**173668**	**148426**	**17.0**
北京	143174	120864	18.5	61479	48155	27.7	76776	69028	11.2
天津	67604	56305	20.1	10092	9159	10.2	46978	37781	24.3
唐山									
沈阳	21755	26188	—16.9	2963	2535	16.9	18792	23654	—20.6
大连	16693	5759	189.9	2324	1883	23.4	14369	3876	270.7
济南	1743	2569	—32.2				1743	2569	—32.2
青岛	16368	12961	26.3	1358	1442	—5.8	15010	11519	30.3
长三角	**205467**	**150066**	**36.9**	**85106**	**51466**	**65.4**	**101983**	**88364**	**15.4**
上海	76347	45873	66.4	38590	11740	228.7	37485	34046	10.1
南京	28845	26861	7.4				28845	26861	7.4
苏州	6914	4796	44.2				6239	4288	45.5
无锡	4340	2829	53.4				4340	2829	53.4
常州	10188	8568	18.9	4021	2649	51.8	6115	5753	6.3
镇江									
南通									
扬州									
泰州									
杭州	35044	29732	17.9	16194	15253	6.2	18851	14479	30.2
宁波	26391	21906	20.5	26301	21824	20.5	90	82	9.8
嘉兴	17316	9442	83.4						
湖州	61	34	79.4						
绍兴									
舟山	20	26	—23.1				20	26	—23.1
台州									
珠三角	**118912**	**111911**	**6.3**	**37728**	**36492**	**3.4**	**78813**	**73219**	**7.6**
广州	83393	80165	4.0	37020	36001	2.8	44001	41964	4.9
深圳	33410	30197	10.6				33410	30197	10.6
珠海	707	491	44.0	707	491	44.0			
佛山									
江门									
东莞	1402	1058	32.5				1402	1058	32.5
中山									
惠州									
肇庆									

第四部分 限额以上连锁餐饮企业配送中心数

4—1 各地区限额以上连锁餐饮企业配送中心数

（按业态分）

单位:个

地区	2004年	2003年	±%	正餐			快餐		
				2004年	2003年	±%	2004年	2003年	±%
全国	**220**	**218**	**0.9**	**106**	**106**		**99**	**98**	**1.0**
北京	18	18		7	7		11	11	
天津	21	21		4	4		16	16	
河北	1	1					1	1	
山西	6	6		5	5		1	1	
内蒙古	24	24		24	24				
辽宁	11	12	—8.3	1	2	—50.0	10	10	
吉林	3	3		3	3				
黑龙江	2	2		1	1		1	1	
上海	6	6		1	1		4	4	
江苏	21	20	5.0	7	7		9	9	
浙江	12	12		5	5		5	5	
安徽	8	7	14.3	6	6		2	1	100.0
福建	10	10		2	2		5	5	
江西									
山东	8	8		4	4		4	4	
河南	2	1	100.0	2	1	100.0			
湖北	8	8		5	5		3	3	
湖南	3	3		1	1		2	2	
广东	22	22		9	9		11	11	
广西									
海南									
重庆	7	7		7	7				
四川	6	6		1	1		5	5	
贵州									
云南	7	7		2	2		5	5	
西藏									
陕西	4	4		4	4				
甘肃	4	4		4	4				
青海	1	1							
宁夏									
新疆	5	5		1	1		4	4	

4—2 各地区限额以上连锁餐饮企业自有配送中心数

（按业态分）

单位:个

地区	2004年	2003年	±%	正餐			快餐		
				2004年	2003年	±%	2004年	2003年	±%
全国	**163**	**161**	**1.2**	**75**	**75**		**74**	**73**	**1.4**
北京	14	14		5	5		9	9	
天津	7	7		3	3		3	3	
河北	1	1					1	1	
山西	6	6		5	5		1	1	
内蒙古	4	4		4	4				
辽宁	10	11	−9.1	1	2	−50.0	9	9	
吉林	3	3		3	3				
黑龙江	2	2		1	1		1	1	
上海	6	6		1	1		4	4	
江苏	14	13	7.7	1	1		8	8	
浙江	12	12		5	5		5	5	
安徽	7	6	16.7	5	5		2	1	100.0
福建	8	8		2	2		4	4	
江西									
山东	8	8		4	4		4	4	
河南	2	1	100.0	2	1	100.0			
湖北	7	7		5	5		2	2	
湖南	3	3		1	1		2	2	
广东	18	18		9	9		7	7	
广西									
海南									
重庆	6	6		6	6				
四川	4	4		1	1		3	3	
贵州									
云南	7	7		2	2		5	5	
西藏									
陕西	4	4		4	4				
甘肃	4	4		4	4				
青海	1	1							
宁夏									
新疆	5	5		1	1		4	4	

4—3 各地区限额以上连锁餐饮企业非自有配送中心数

（按业态分）

单位：个

地区	2004年	2003年	±%	正餐			快餐		
				2004年	2003年	±%	2004年	2003年	±%
全国	**57**	**57**		**31**	**31**		**25**	**25**	
北京	4	4		2	2		2	2	
天津	14	14		1	1		13	13	
河北									
山西									
内蒙古	20	20		20	20				
辽宁	1	1					1	1	
吉林									
黑龙江									
上海									
江苏	7	7		6	6		1	1	
浙江									
安徽	1	1		1	1				
福建	2	2					1	1	
江西									
山东									
河南									
湖北	1	1					1	1	
湖南									
广东	4	4					4	4	
广西									
海南									
重庆	1	1		1	1				
四川	2	2					2	2	
贵州									
云南									
西藏									
陕西									
甘肃									
青海									
宁夏									
新疆									

4—4 各地区限额以上连锁餐饮企业配送中心数

（按登记注册类型分）

单位:个

地区	合计			自有			非自有		
	2004年	2003年	±%	2004年	2003年	±%	2004年	2003年	±%
全国	**194**	**192**	**1.0**	**142**	**140**	**1.4**	**52**	**52**	
北京	18	18		12	12		6	6	
天津	16	16		6	6		10	10	
河北	4	4		1	1		3	3	
山西	5	5		5	5				
内蒙古	10	10		1	1		9	9	
辽宁	6	7	—14.3	5	6	—16.7	1	1	
吉林	3	3		3	3				
黑龙江	2	2		2	2				
上海	12	12		7	7		5	5	
江苏	17	16	6.3	11	10	10.0	6	6	
浙江	10	10		10	10				
安徽	7	6	16.7	6	5	20.0	1	1	
福建	10	10		8	8		2	2	
江西									
山东	6	6		6	6				
河南	2	1	100.0	2	1	100.0			
湖北	8	8		7	7		1	1	
湖南	2	2		2	2				
广东	19	19		17	17		2	2	
广西	1	1		1	1				
海南									
重庆	7	7		6	6		1	1	
四川	4	4		2	2		2	2	
贵州	1	1		1	1				
云南	6	6		6	6				
西藏									
陕西	8	8		5	5		3	3	
甘肃	4	4		4	4				
青海	1	1		1	1				
宁夏									
新疆	5	5		5	5				

4—5 各地区限额以上内资连锁餐饮企业配送中心数

（按登记注册类型分）

单位:个

地区	合计			自有			非自有		
	2004年	2003年	±%	2004年	2003年	±%	2004年	2003年	±%
全国	141	139	1.4	109	107	1.9	32	32	
北京	16	16		10	10		6	6	
天津	6	6		4	4		2	2	
河北	1	1		1	1				
山西	5	5		5	5				
内蒙古	9	9		1	1		8	8	
辽宁	1	2	—50.0	1	2	—50.0			
吉林	3	3		3	3				
黑龙江	2	2		2	2				
上海	10	10		6	6		4	4	
江苏	16	15	6.7	10	9	11.1	6	6	
浙江	10	10		10	10				
安徽	7	6	16.7	6	5	20.0	1	1	
福建									
江西									
山东	5	5		5	5				
河南	2	1	100.0	2	1	100.0			
湖北	6	6		6	6				
湖南	1	1		1	1				
广东	14	14		13	13		1	1	
广西									
海南									
重庆	6	6		5	5		1	1	
四川									
贵州									
云南	4	4		4	4				
西藏									
陕西	8	8		5	5		3	3	
甘肃	4	4		4	4				
青海	1	1		1	1				
宁夏									
新疆	4	4		4	4				

4—6 各地区限额以上港澳台商投资连锁餐饮企业配送中心数

(按登记注册类型分)

单位:万元

地区	合计			自有			非自有		
	2004年	2003年	±%	2004年	2003年	±%	2004年	2003年	±%
全国	18	18		15	15		3	3	
北京	1	1		1	1				
天津	1	1		1	1				
河北									
山西									
内蒙古									
辽宁	2	2		1	1		1	1	
吉林									
黑龙江									
上海	1	1		1	1				
江苏									
浙江									
安徽									
福建	6	6		5	5		1	1	
江西									
山东									
河南									
湖北									
湖南									
广东	4	4		3	3		1	1	
广西	1	1		1	1				
海南									
重庆	1	1		1	1				
四川									
贵州									
云南	1	1		1	1				
西藏									
陕西									
甘肃									
青海									
宁夏									
新疆									

4—7 各地区限额以上外商投资连锁餐饮企业配送中心数

（按登记注册类型分）

单位:个

地区	合计			自有			非自有		
	2004年	2003年	±%	2004年	2003年	±%	2004年	2003年	±%
全国	**35**	**35**		**18**	**18**		**17**	**17**	
北京	1	1		1	1				
天津	9	9		1	1		8	8	
河北	3	3					3	3	
山西									
内蒙古	1	1					1	1	
辽宁	3	3		3	3				
吉林									
黑龙江									
上海	1	1					1	1	
江苏	1	1		1	1				
浙江									
安徽									
福建	4	4		3	3		1	1	
江西									
山东	1	1		1	1				
河南									
湖北	2	2		1	1		1	1	
湖南	1	1		1	1				
广东	1	1		1	1				
广西									
海南									
重庆									
四川	4	4		2	2		2	2	
贵州	1	1		1	1				
云南	1	1		1	1				
西藏									
陕西									
甘肃									
青海									
宁夏									
新疆	1	1		1	1				

4—8 东中西部地区限额以上连锁餐饮企业配送中心数

（按业态分）

单位：个

地区	2004年	2003年	±%	正餐			快餐		
				2004年	2003年	±%	2004年	2003年	±%
全国	**220**	**218**	**0.9**	**106**	**106**		**99**	**98**	**1.0**
东部	130	130		40	41	−2.4	76	76	
中部	56	54	3.7	47	46	2.2	9	8	12.5
西部	34	34		19	19		14	14	

4—9 东中西部地区限额以上连锁餐饮企业自有配送中心数

（按业态分）

单位：个

地区	2004年	2003年	±%	正餐			快餐		
				2004年	2003年	±%	2004年	2003年	±%
全国	**163**	**161**	**1.2**	**75**	**75**		**74**	**73**	**1.4**
东部	98	98		31	32	−3.1	54	54	
中部	34	32	6.3	26	25	4.0	8	7	14.3
西部	31	31		18	18		12	12	

4—10 东中西部地区限额以上连锁餐饮企业非自有配送中心数

（按业态分）

单位：个

地区	2004年	2003年	±%	正餐			快餐		
				2004年	2003年	±%	2004年	2003年	±%
全国	**57**	**57**		**31**	**31**		**25**	**25**	
东部	32	32		9	9		22	22	
中部	22	22		21	21		1	1	
西部	3	3		1	1		2	2	

4—11　六经济区限额以上连锁餐饮企业配送中心数

（按业态分）

单位：个

地　区	2004 年	2003 年	±%	正　餐			快　餐		
				2004 年	2003 年	±%	2004 年	2003 年	±%
全　国	**220**	**218**	**0.9**	**106**	**106**		**99**	**98**	**1.0**
华　北	70	70		40	40		29	29	
东　北	16	17	−5.9	5	6	−16.7	11	11	
华　东	65	63	3.2	25	25		29	28	3.6
中　南	35	34	2.9	17	16	6.3	16	16	
西　南	20	20		10	10		10	10	
西　北	14	14		9	9		4	4	

4—12　六经济区限额以上连锁餐饮企业自有配送中心数

（按业态分）

单位：个

地　区	2004 年	2003 年	±%	正　餐			快　餐		
				2004 年	2003 年	±%	2004 年	2003 年	±%
全　国	**163**	**161**	**1.2**	**75**	**75**		**74**	**73**	**1.4**
华　北	32	32		17	17		14	14	
东　北	15	16	−6.3	5	6	−16.7	10	10	
华　东	55	53	3.8	18	18		27	26	3.8
中　南	30	29	3.4	17	16	6.3	11	11	
西　南	17	17		9	9		8	8	
西　北	14	14		9	9		4	4	

4—13　六经济区限额以上连锁餐饮企业非自有配送中心数

（按业态分）

单位：个

地　区	2004 年	2003 年	±%	正　餐			快　餐		
				2004 年	2003 年	±%	2004 年	2003 年	±%
全　国	**57**	**57**		**31**	**31**		**25**	**25**	
华　北	38	38		23	23		15	15	
东　北	1	1					1	1	
华　东	10	10		7	7		2	2	
中　南	5	5					5	5	
西　南	3	3		1	1		2	2	
西　北									

4—14　大中小城市限额以上连锁餐饮企业配送中心数

（按业态分）

单位：个

地　区	2004年	2003年	±%	正餐			快餐		
				2004年	2003年	±%	2004年	2003年	±%
全　国	**220**	**218**	**0.9**	**106**	**106**		**99**	**98**	**1.0**
大城市	154	154		57	58	−1.7	89	88	1.1
中城市	66	64	3.1	49	48	2.1	10	10	
小城市									

4—15　大中小城市限额以上连锁餐饮企业自有配送中心数

（按业态分）

单位：个

地　区	2004年	2003年	±%	正餐			快餐		
				2004年	2003年	±%	2004年	2003年	±%
全　国	**163**	**161**	**1.2**	**75**	**75**		**74**	**73**	**1.4**
大城市	123	123		52	53	−1.9	64	63	1.6
中城市	40	38	5.3	23	22	4.5	10	10	
小城市									

4—16　大中小城市限额以上连锁餐饮企业非自有配送中心数

（按业态分）

单位：个

地　区	2004年	2003年	±%	正餐			快餐		
				2004年	2003年	±%	2004年	2003年	±%
全　国	**57**	**57**		**31**	**31**		**25**	**25**	
大城市	31	31		5	5		25	25	
中城市	26	26		26	26				
小城市									

4—17 35城市限额以上连锁餐饮企业配送中心数

（按业态分）

单位:个

地区	2004年	2003年	±%	正餐			快餐		
				2004年	2003年	±%	2004年	2003年	±%
合计	**154**	**154**		**57**	**58**	**－1.7**	**89**	**88**	**1.1**
北京	18	18		7	7		11	11	
天津	21	21		4	4		16	16	
石家庄									
太原	3	3		2	2		1	1	
呼和浩特									
沈阳	6	6					6	6	
大连	5	6	－16.7	1	2	－50.0	4	4	
长春	3	3		3	3				
哈尔滨	2	2		1	1		1	1	
上海	6	6		1	1		4	4	
南京	3	3					3	3	
杭州	10	10		5	5		5	5	
宁波									
合肥	4	3	33.3	2	2		2	1	100.0
福州	2	2					2	2	
厦门	8	8		2	2		3	3	
南昌									
济南	1	1					1	1	
青岛	3	3		1	1		2	2	
郑州									
武汉	7	7		4	4		3	3	
长沙	2	2					2	2	
广州	12	12		7	7		3	3	
深圳	6	6					6	6	
南宁									
海口									
重庆	7	7		7	7				
成都	5	5					5	5	
贵阳									
昆明	7	7		2	2		5	5	
西安	3	3		3	3				
兰州	4	4		4	4				
西宁	1	1							
银川									
乌鲁木齐	5	5		1	1		4	4	

4—18 35城市限额以上连锁餐饮企业自有配送中心数

（按业态分）

单位：个

地区	2004年	2003年	±%	正餐			快餐		
				2004年	2003年	±%	2004年	2003年	±%
合计	**123**	**123**		**52**	**53**	**−1.9**	**64**	**63**	**1.6**
北京	14	14		5	5		9	9	
天津	7	7		3	3		3	3	
石家庄									
太原	3	3		2	2		1	1	
呼和浩特									
沈阳	6	6					6	6	
大连	4	5	−20.0	1	2	−50.0	3	3	
长春	3	3		3	3				
哈尔滨	2	2		1	1		1	1	
上海	6	6		1	1		4	4	
南京	2	2					2	2	
杭州	10	10		5	5		5	5	
宁波									
合肥	3	2	50.0	1	1		2	1	100.0
福州	2	2					2	2	
厦门	6	6		2	2		2	2	
南昌									
济南	1	1					1	1	
青岛	3	3		1	1		2	2	
郑州									
武汉	6	6		4	4		2	2	
长沙	2	2					2	2	
广州	11	11		7	7		2	2	
深圳	3	3					3	3	
南宁									
海口									
重庆	6	6		6	6				
成都	3	3					3	3	
贵阳									
昆明	7	7		2	2		5	5	
西安	3	3		3	3				
兰州	4	4		4	4				
西宁	1	1							
银川									
乌鲁木齐	5	5		1	1		4	4	

4—19　35城市限额以上连锁餐饮企业非自有配送中心数

（按业态分）

单位：个

地　区	2004年	2003年	±%	正餐			快餐		
				2004年	2003年	±%	2004年	2003年	±%
合　计	**31**	**31**		**5**	**5**		**25**	**25**	
北　京	4	4		2	2		2	2	
天　津	14	14		1	1		13	13	
石家庄									
太　原									
呼和浩特									
沈　阳									
大　连	1	1					1	1	
长　春									
哈尔滨									
上　海									
南　京	1	1					1	1	
杭　州									
宁　波									
合　肥	1	1		1	1				
福　州									
厦　门	2	2					1	1	
南　昌									
济　南									
青　岛									
郑　州									
武　汉	1	1					1	1	
长　沙									
广　州	1	1					1	1	
深　圳	3	3					3	3	
南　宁									
海　口									
重　庆	1	1		1	1				
成　都	2	2					2	2	
贵　阳									
昆　明									
西　安									
兰　州									
西　宁									
银　川									
乌鲁木齐									

4—20 三大地带限额以上连锁餐饮企业配送中心数

（按业态分）

单位：个

地 区	2004 年	2003 年	±%	正 餐			快 餐		
				2004 年	2003 年	±%	2004 年	2003 年	±%
全 国	220	218	0.9	106	106		99	98	1.0
三大地带	113	113		35	36	−2.8	68	68	
环 渤 海	54	55	−1.8	13	14	−7.1	40	40	
北 京	18	18		7	7		11	11	
天 津	21	21		4	4		16	16	
唐 山									
沈 阳	6	6					6	6	
大 连	5	6	−16.7	1	2	−50.0	4	4	
济 南	1	1					1	1	
青 岛	3	3		1	1		2	2	
长 三 角	38	37	2.7	13	13		18	18	
上 海	6	6		1	1		4	4	
南 京	3	3					3	3	
苏 州	4	3	33.3				2	2	
无 锡	2	2					2	2	
常 州	11	11		7	7		2	2	
镇 江									
南 通									
扬 州									
泰 州									
杭 州	10	10		5	5		5	5	
宁 波									
嘉 兴	1	1							
湖 州	1	1							
绍 兴									
舟 山									
台 州									
珠 三 角	21	21		9	9		10	10	
广 州	12	12		7	7		3	3	
深 圳	6	6					6	6	
珠 海	2	2		2	2				
佛 山									
江 门									
东 莞	1	1					1	1	
中 山									
惠 州									
肇 庆									

4—21 三大地带限额以上连锁餐饮企业自有配送中心数

（按业态分）

单位：个

地　区	2004年	2003年	±%	正　餐			快　餐		
				2004年	2003年	±%	2004年	2003年	±%
全　国	**163**	**161**	**1.2**	**75**	**75**		**74**	**73**	**1.4**
三大地带	**83**	**83**		**26**	**27**	**−3.7**	**47**	**47**	
环渤海	**35**	**36**	**−2.8**	**10**	**11**	**−9.1**	**24**	**24**	
北　京	14	14		5	5		9	9	
天　津	7	7		3	3		3	3	
唐　山									
沈　阳	6	6							
大　连	4	5	−20.0	1	2	−50.0	3	3	
济　南	1	1					1	1	
青　岛	3	3		1	1		2	2	
长三角	**31**	**30**	**3.3**	**7**	**7**		**17**	**17**	
上　海	6	6		1	1		4	4	
南　京	2	2					2	2	
苏　州	4	3	33.3				2	2	
无　锡	2	2					2	2	
常　州	5	5		1	1		2	2	
镇　江									
南　通									
扬　州									
泰　州									
杭　州	10	10		5	5		5	5	
宁　波									
嘉　兴	1	1							
湖　州	1	1							
绍　兴									
舟　山									
台　州									
珠三角	**17**	**17**		**9**	**9**		**6**	**6**	
广　州	11	11		7	7		2	2	
深　圳	3	3					3	3	
珠　海	2	2		2	2				
佛　山									
江　门									
东　莞	1	1					1	1	
中　山									
惠　州									
肇　庆									

4－22 三大地带限额以上连锁餐饮企业非自有配送中心数

（按业态分）

单位：个

地　区	2004年	2003年	±%	正　餐			快　餐		
				2004年	2003年	±%	2004年	2003年	±%
全　国	**57**	**57**		**31**	**31**		**25**	**25**	
三大地带	**30**	**30**		**9**	**9**		**21**	**21**	
环渤海	**19**	**19**		**3**	**3**		**16**	**16**	
北　京	4	4		2	2		2	2	
天　津	14	14		1	1		13	13	
唐　山									
沈　阳									
大　连	1	1					1	1	
济　南									
青　岛									
长三角	**7**	**7**		**6**	**6**		**1**	**1**	
上　海									
南　京	1	1					1	1	
苏　州									
无　锡									
常　州	6	6		6	6				
镇　江									
南　通									
扬　州									
泰　州									
杭　州									
宁　波									
嘉　兴									
湖　州									
绍　兴									
舟　山									
台　州									
珠三角	**4**	**4**					**4**	**4**	
广　州	1	1					1	1	
深　圳	3	3					3	3	
珠　海									
佛　山									
江　门									
东　莞									
中　山									
惠　州									
肇　庆									

第五部分 连锁餐饮企业门店情况

5—1　10门店以上连锁餐饮企业情况

（2004年）

700个以上(1家)
内蒙古小肥羊餐饮连锁有限公司
400－500个(2家)
天津市桂发祥麻花饮食集团有限公司
苏州一百放心早餐工程有限公司
300－399个(1家)
常州亿家乐早餐工程有限公司
200－299个(2家)
重庆市德庄饮食文化有限公司
重庆小天鹅饮食文化(集团)有限公司
100－199个(11家)
上海肯德基有限公司
沈阳市小土豆餐饮有限公司
重庆菜根香风俗酒楼有限公司
苏大姐餐饮文化有限责任公司
北京肯德基有限公司
广东肯德基有限公司
浙江肯德基公司
重庆秦妈餐饮文化有限公司
百胜餐饮(沈阳)有限公司
江苏大娘水饺餐饮有限公司
北京麦当劳食品有限公司
50－99个(12家)
广东三元麦当劳食品有限公司
深圳肯德基有限公司
上海新亚大家乐餐饮有限公司
上海必胜客有限公司

50－99个(12家)
广州东海堂(饼屋)食品有限公司
马兰拉面快餐连锁有限责任公司
南京肯德基有限公司
常州市丽华快餐有限公司
广州市广州酒家
麦当劳餐厅(深圳)有限公司
青岛肯德基有限公司
北京美大星巴克咖啡有限公司
15－49个(49家)
四川德克士食品有限公司
北京吉野家快餐有限公司
百胜餐饮(武汉)有限公司
上海华联麦当劳有限公司
中国北京全聚德集团有限责任公司
北京必胜客比萨饼有限公司
苏州肯德基有限公司
天津肯德基有限公司
天津德克士食品开发有限公司
北京好伦哥餐饮有限公司
厦门市妙香食品有限公司
深圳面点王饮食连锁有限公司
昆明大滇园美食有限公司
重庆陶然居风味饮食文化娱乐有限公司
北京禾谷园连锁经营有限公司
昆明德克士食品开发有限公司
长沙肯德基有限公司

5—1续表

15－49个(49家)	15－49个(49家)
北京永和大王有限公司	昆明江氏兄弟桥香园过桥米线连锁公司
杭州知味观	百胜餐饮(福州)有限公司
天津麦当劳食品有限公司	**10－14个(27家)**
广州市海珠区绿茵阁咖啡厅	南京刘长兴饮食有限责任公司
无锡市肯德基有限公司	兰州金鼎牛肉面连锁有限公司
北京市顺粮众望餐饮有限公司	北京半亩园快餐有限公司
上海永和大王餐饮有限公司	深圳永南餐饮有限公司
武汉麦当劳餐饮食品有限公司	北京功德福餐饮有限公司
百胜餐饮(成都)有限公司	北京老家快餐有限责任公司
南京麦当劳餐饮食品有限公司	临沂市朱老大食品有限公司
厦门肯德基有限公司	苏州市朱鸿兴饮食有限公司
上海小绍兴集团公司	乌鲁木齐市苏氏餐饮管理有限公司
上海振鼎鸡实业发展有限公司	上海你我他快餐食品有限公司
天津耳朵眼炸糕公司	北京乐杰士餐饮有限公司
重庆德克士食品开发有限公司	大连麦当劳餐厅食品有限公司
天津市食为天粮油便民连锁公司	北京百万庄园西式餐饮有限公司
浙江麦当劳有限公司	湖州正方食品有限公司
乌鲁木齐市百富商贸有限公司	昆明市饮食公司建新园
广州东山区大西豪快餐公司	北京郭林家常菜食品有限责任公司
沈阳麦当劳餐厅食品有限公司	天津市鸿起顺餐饮有限公司
四川麦当劳餐厅食品有限公司	杭州新丰餐饮经营公司
四川德阳谭氏餐饮连锁有限公司	北京龙城丽华快餐有限公司
武汉小蓝鲸健康管理有限公司	连云港市新浦区小武凉皮店
浙江五芳斋实业公司五芳斋粽子	重庆君之微餐饮文化有限公司
东莞肯德基有限公司	滨州市粮油供应公司
湖南麦当劳餐厅食品有限公司	贵州雅园饮食娱乐有限公司
大连肯德基有限公司	许昌市喜洋洋餐饮有限公司
厦门麦当劳食品发展有限公司	福州麦当劳餐厅食品有限公司
太原肯德基有限公司	杭州九百碗连锁餐饮公司
重庆乡村鸡快餐连锁有限公司	安徽麦当劳(餐厅食品)有限公司

5—2　10门店以上连锁正餐业情况

（2004年）

700个以上(1家)

内蒙古小肥羊餐饮连锁有限公司

200－299个(2家)

重庆市德庄饮食文化有限公司

重庆小天鹅饮食文化(集团)有限公司

100－199个(5家)

沈阳市小土豆餐饮有限公司

重庆菜根香风俗酒楼有限公司

苏大姐餐饮文化有限责任公司

重庆秦妈餐饮文化有限公司

江苏大娘水饺餐饮有限公司

50－99个(2家)

上海必胜客有限公司

广州市广州酒家

15－49个(9家)

中国北京全聚德集团有限责任公司

北京必胜客比萨饼有限公司

15－49个(9家)

昆明大滇园美食有限公司

重庆陶然居风味饮食文化娱乐有限公司

杭州知味观

重庆德克士食品开发有限公司

四川德阳谭氏餐饮连锁有限公司

武汉小蓝鲸健康管理有限公司

昆明江氏兄弟桥香园过桥米线连锁公司

10－14个(8家)

兰州金鼎牛肉面连锁有限公司

北京功德福餐饮有限公司

临沂市朱老大食品有限公司

北京百万庄园西式餐饮有限公司

北京郭林家常菜食品有限责任公司

重庆君之微餐饮文化有限公司

贵州雅园饮食娱乐有限公司

许昌市喜洋洋餐饮有限公司

5—3 10门店以上连锁快餐业情况

（2004年）

100－199个（6家）
上海肯德基有限公司
北京肯德基有限公司
广东肯德基有限公司
浙江肯德基公司
百胜餐饮（沈阳）有限公司
北京麦当劳食品有限公司

50－99个（8家）
广东三元麦当劳食品有限公司
深圳肯德基有限公司
上海新亚大家乐餐饮有限公司
马兰拉面快餐连锁有限责任公司
南京肯德基有限公司
常州市丽华快餐有限公司
麦当劳餐厅（深圳）有限公司
青岛肯德基有限公司

15－49个（35家）
四川德克士食品有限公司
北京吉野家快餐有限公司
百胜餐饮（武汉）有限公司
上海华联麦当劳有限公司
苏州肯德基有限公司
天津肯德基有限公司
天津德克士食品开发有限公司
北京好伦哥餐饮有限公司
深圳面点王饮食连锁有限公司
北京禾谷园连锁经营有限公司
昆明德克士食品开发有限公司
长沙肯德基有限公司
北京永和大王有限公司
天津麦当劳食品有限公司
无锡市肯德基有限公司
上海永和大王餐饮有限公司
武汉麦当劳餐饮食品有限公司
百胜餐饮（成都）有限公司

15－49个（35家）
南京麦当劳餐饮食品有限公司
厦门肯德基有限公司
上海小绍兴集团公司
上海振鼎鸡实业发展有限公司
天津市食为天粮油便民连锁公司
浙江麦当劳有限公司
乌鲁木齐市百富商贸有限公司
广州东山区大西豪快餐公司
沈阳麦当劳餐厅食品有限公司
四川麦当劳餐厅食品有限公司
东莞肯德基有限公司
湖南麦当劳餐厅食品有限公司
大连肯德基有限公司
厦门麦当劳食品发展有限公司
太原肯德基有限公司
重庆乡村鸡快餐连锁有限公司
百胜餐饮（福州）有限公司

10－14个（16家）
南京刘长兴饮食有限责任公司
北京半亩园快餐有限公司
深圳永南餐饮有限公司
北京老家快餐有限责任公司
苏州市朱鸿兴饮食有限公司
乌鲁木齐市苏氏餐饮管理有限公司
上海你我他快餐食品有限公司
北京乐杰士餐饮有限公司
大连麦当劳餐厅食品有限公司
昆明市饮食公司建新园
杭州新丰餐饮经营公司
北京龙城丽华快餐有限公司
滨州市粮油供应公司
福州麦当劳餐厅食品有限公司
杭州九百碗连锁餐饮公司
安徽麦当劳（餐厅食品）有限公司

第六部分 连锁餐饮企业营业收入情况

6－1　营业收入 500 万元以上连锁餐饮企业情况

（2004 年）

80 亿元以上(1 家)
广东肯德基有限公司
40－80 亿元(1 家)
内蒙古小肥羊餐饮连锁有限公司
10－40 亿元(5 家)
上海肯德基有限公司
浙江肯德基公司
重庆市德庄饮食文化有限公司
北京肯德基有限公司
重庆小天鹅饮食文化(集团)有限公司
5－9.9 亿元(8 家)
百胜餐饮(沈阳)有限公司
广东三元麦当劳食品有限公司
北京麦当劳食品有限公司
中国北京全聚德集团有限责任公司
重庆菜根香风俗酒楼有限公司
深圳肯德基有限公司
南京肯德基有限公司
上海必胜客有限公司
1－4.9 亿元(47 家)
青岛肯德基有限公司
广州市广州酒家
苏州肯德基有限公司
沈阳市小土豆餐饮有限公司
北京必胜客比萨饼有限公司
重庆陶然居风味饮食文化娱乐有限公司
上海华联麦当劳有限公司
百胜餐饮(武汉)有限公司
无锡市肯德基有限公司
天津市桂发祥麻花饮食集团有限公司
上海美林阁餐饮经营管理有限公司
天津麦当劳食品有限公司
麦当劳餐厅(深圳)有限公司
广州市海珠区绿茵阁咖啡厅
长沙肯德基有限公司
武汉麦当劳餐饮食品有限公司
1－4.9 亿元(47 家)
厦门肯德基有限公司
南京麦当劳餐饮食品有限公司
江苏大娘水饺餐饮有限公司
深圳面点王饮食连锁有限公司
常州市丽华快餐有限公司
北京顺峰饮食娱乐有限公司
北京吉野家快餐有限公司
天津肯德基有限公司
沈阳麦当劳餐厅食品有限公司
上海新亚大家乐餐饮有限公司
大连肯德基有限公司
苏大姐餐饮文化有限责任公司
上海小绍兴集团公司
浙江麦当劳有限公司
湖北三五醇酒店有限公司
太原肯德基有限公司
杭州知味观
东莞肯德基有限公司
四川麦当劳餐厅食品有限公司
江南大酒店
武汉艳阳天商贸发展有限公司
武汉市亢龙太子酒轩有限责任公司
百胜餐饮(成都)有限公司
北京好伦哥餐饮有限公司
北京美大星巴克咖啡有限公司
北京永和大王有限公司
安徽省金满楼饮食集团有限责任公司
上海永和大王餐饮有限公司
天津德克士食品开发有限公司
广州市越秀区东海海鲜酒家
武汉湖锦娱乐发展有限公司
5000－9999 万元(39 家)
南昌市西湖区独一处海鲜城
贵州雅园饮食娱乐有限公司
浙江五芳斋实业公司五芳斋粽子

6－1续表1

5000－9999万元(39家)	1000－4999万元(86家)
北京万龙洲饮食有限责任公司	杭州新丰餐饮经营公司
北京郭林家常菜食品有限责任公司	大连麦当劳餐厅食品有限公司
天津市鸿起顺餐饮有限公司	名人名家
山东麦当劳(餐厅食品)有限公司	兰州菜根香工贸有限公司
马鞍山市塞纳河畔发展有限责任公司	厦门市舒友海鲜大酒楼有限公司
昆明大滇园美食有限公司	北京大三元酒家有限公司
楼外楼饭店	北京功德福餐饮有限公司
武汉小蓝鲸健康管理有限公司	武汉梦天湖娱乐有限公司
百胜餐饮(福州)有限公司	武汉粗茶淡饭餐饮有限责任公司
昆明德克士食品开发有限公司	广州市黄埔区华苑酒家
四川德阳谭氏餐饮连锁有限公司	北京乐杰士餐饮有限公司
安徽麦当劳(餐厅食品)有限公司	北京星期五餐饮有限公司
湖南麦当劳餐厅食品有限公司	乌鲁木齐市百富商贸有限公司
马鞍山市梦都餐饮发展有限责任公司	重庆七十二行南方餐饮文化有限公司
四川德克士食品有限公司	重庆秦妈餐饮文化有限公司
昆明肯德基有限公司	江西省家常饭饮业服务有限公司
天津狗不理包子饮食集团公司	太原市芙蓉酒楼
福州麦当劳餐厅食品有限公司	宁波市江东向阳渔港餐饮发展有限公司
北京金鼎轩酒楼有限责任公司	深圳永南餐饮有限公司
服务集团股份有限公司老孙家饭店	常州亿家乐早餐工程有限公司
北京市九头鸟酒店管理有限责任公司	武汉东鑫酒店管理有限公司
新疆肯德基有限公司	北京禾谷园连锁经营有限公司
马兰拉面快餐连锁有限责任公司	安徽蜀王饮食服务有限责任公司
重庆德克士食品开发有限公司	云南麦当劳餐厅食品有限公司
北京东安饮食公司	新海利实业发展有限公司
淄博泰星大酒店	苏州老妈米线(连锁)有限公司
青岛麦当劳(餐厅)食品有限公司	临沂市朱老大食品有限公司
宁波汉通餐饮发展有限公司	珠海市香洲叠石有限公司
陕西竹园村餐饮有限责任公司	广州市东北人企业有限公司
武汉凯威啤酒屋	青岛海明威餐饮娱乐有限公司
北京渝信紫龙餐饮有限公司	深圳大快活快餐有限公司
苏州一百放心早餐工程有限公司	大连新东方美食城有限公司
张生记酒店	北京龙城丽华快餐有限公司
北京燕莎萨拉伯尔餐厅有限公司	上海荣邦炸鸡连锁店
广州东海堂(饼屋)食品有限公司	武汉凤凰楼酒店
天津耳朵眼炸糕公司	上海振鼎鸡实业发展有限公司

6－1 续表 2

1000－4999 万元(86 家)	1000－4999 万元(86 家)
上海莫师饮食管理有限公司	重庆君之微餐饮文化有限公司
北京苏浙酒楼有限公司	新疆百花村快餐连锁经营有限责任公司
北京康康快餐娱乐有限公司	厦门麦当劳食品发展有限公司
武汉醉江月饮食服务有限公司	广州市蒙地卡罗餐饮有限公司
万家灯火酒店	广州东山区大西豪快餐公司
北京半亩园快餐有限公司	甘肃纵横羊肉食品有限公司
杭州九百碗连锁餐饮公司	武汉永昌餐饮有限公司
北京阿一鲍鱼酒家有限公司	兰州市城关区名流火锅城
天津市食为天粮油便民连锁公司	乌鲁木齐霍德实业有限公司北京公司
昆明市饮食公司建新园	宜昌市红星饮食有限责任公司
北京小土豆餐饮管理有限公司	500－999 万元(29 家)
上海莫师乔家栅饮食有限公司	安徽不倒翁酒店有限责任公司
北京达美乐比萨饼有限公司	北京市顺粮众望餐饮有限公司
平顶山市香山大酒店	保定玉兰香饮食有限公司
北京市四川饭店	宝鸡市向阳餐饮有限责任公司
郴州得月楼酒店	西安小六汤包餐饮有限责任公司
东方饺子王连锁经营有限责任公司	广东省肇庆市德州牛仔快餐有限公司
乌海市蓝梦商贸有限公司	长春市王记美食有限公司
北京百万庄园西式餐饮有限公司	滨州市粮油供应公司
兰州金鼎牛肉面连锁有限公司	昆明江氏兄弟桥香园过桥米线连锁公司
上海你我他快餐食品有限公司	九江市川王餐饮有限公司
南京刘长兴饮食有限责任公司	昆明市饮食公司福华园
无锡市王兴记有限公司	野力南海渔港大酒家有限公司
北京御香苑饮食有限责任公司	厦门市新佳美快餐食品有限公司
西宁旺仔餐饮有限公司	长治市联众商贸发展有限公司
北京馄饨侯餐饮有限责任公司	湖州正方食品有限公司
北京元绿回转寿司饮食有限公司	青岛京苑实业发展有限公司
淄博泉香阁酒楼有限公司	厦门豪享来餐饮娱乐有限公司
大同市老大同饭庄	北京小肠陈饭庄
深圳市元绿回转寿司饮食有限公司	杭州永和餐饮有限公司
贵阳赤水情饮食有限公司	青岛锅贴有限公司
自贡市蜀江春餐饮食品有限公司	南昌市西湖区好口福风味小吃城
洛阳天府火锅饮食服务有限公司	湖北省十堰市紫荆花美食城
北京兴华隆福寺小吃有限责任公司	北京老家技术发展有限公司
大连合兴快餐有限公司	临沂市天天过年饮食有限公司
北京老家快餐有限责任公司	家必得(天津)比萨饼有限公司
重庆乡村鸡快餐连锁有限公司	北京英虞日式料理有限公司
北京鼎鼎香餐饮有限公司	武汉三五
大同市同和发展有限责任公司	天津大圆碗食品有限公司
湖北明星花园酒店	临沂一尺街餐饮有限公司

6－2　营业收入500万元以上连锁正餐业情况

(2004年)

40亿元以上(1家)
内蒙古小肥羊餐饮连锁有限公司
10－15亿元(2家)
重庆市德庄饮食文化有限公司
重庆小天鹅饮食文化(集团)有限公司
5－9.9亿元(3家)
中国北京全聚德集团有限责任公司
重庆菜根香风俗酒楼有限公司
上海必胜客有限公司
1－4.9亿元(16家)
广州市广州酒家
沈阳市小土豆餐饮有限公司
北京必胜客比萨饼有限公司
重庆陶然居风味饮食文化娱乐有限公司
上海美林阁餐饮经营管理有限公司
江苏大娘水饺餐饮有限公司
北京顺峰饮食娱乐有限公司
苏大姐餐饮文化有限责任公司
湖北三五醇酒店有限公司
杭州知味观
江南大酒店
武汉艳阳天商贸发展有限公司
武汉市亢龙太子酒轩有限责任公司
安徽省金满楼饮食集团有限责任公司
广州市越秀区东海海鲜酒家
武汉湖锦娱乐发展有限公司
5000－9999万元(24家)
南昌市西湖区独一处海鲜城
贵州雅园饮食娱乐有限公司
北京万龙洲饮食有限责任公司
北京郭林家常菜食品有限责任公司
5000－9999万元(24家)
天津市鸿起顺餐饮有限公司
马鞍山市塞纳河畔发展有限责任公司
昆明大滇园美食有限公司
楼外楼饭店
武汉小蓝鲸健康管理有限公司
四川德阳谭氏餐饮连锁有限公司
马鞍山市梦都餐饮发展有限责任公司
天津狗不理包子饮食集团公司
北京金鼎轩酒楼有限责任公司
服务集团股份有限公司老孙家饭店
北京市九头鸟酒店管理有限责任公司
重庆德克士食品开发有限公司
北京东安饮食公司
淄博泰星大酒店
宁波汉通餐饮发展有限公司
陕西竹园村餐饮有限责任公司
武汉凯威啤酒屋
北京渝信紫龙餐饮有限公司
张生记酒店
北京燕莎萨拉伯尔餐厅有限公司
1000－4999万元(52家)
名人名家
兰州菜根香工贸有限公司
厦门市舒友海鲜大酒楼有限公司
北京大三元酒家有限公司
北京功德福餐饮有限公司
武汉梦天湖娱乐有限公司
武汉粗茶淡饭餐饮有限责任公司
广州市黄埔区华苑酒家
北京星期五餐饮有限公司

6—2 续表

1000—4999 万元(52 家)	1000—4999 万元(52 家)
重庆七十二行南方餐饮文化有限公司	自贡市蜀江春餐饮食品有限公司
重庆秦妈餐饮文化有限公司	洛阳天府火锅饮食服务有限公司
江西省家常饭饮业服务有限公司	北京兴华隆福寺小吃有限责任公司
太原市芙蓉酒楼	北京鼎鼎香餐饮有限公司
宁波市江东向阳渔港餐饮发展有限公司	大同市同和发展有限责任公司
武汉东鑫酒店管理有限公司	湖北明星花园酒店
安徽蜀王饮食服务有限责任公司	重庆君之微餐饮文化有限公司
新海利实业发展有限公司	广州市蒙地卡罗餐饮有限公司
临沂市朱老大食品有限公司	甘肃纵横羊肉食品有限公司
珠海市香洲叠石有限公司	兰州市城关区名流火锅城
广州市东北人企业有限公司	乌鲁木齐霍德实业有限公司北京公司
青岛海明威餐饮娱乐有限公司	宜昌市红星饮食有限责任公司
大连新东方美食城有限公司	**500—999 万元(18 家)**
武汉凤凰楼酒店	安徽不倒翁酒店有限责任公司
北京苏浙酒楼有限公司	保定玉兰香饮食有限公司
武汉醉江月饮食服务有限公司	宝鸡市向阳餐饮有限责任公司
万家灯火酒店	西安小六汤包餐饮有限责任公司
北京阿一鲍鱼酒家有限公司	长春市王记美食有限公司
北京小土豆餐饮管理有限公司	昆明江氏兄弟桥香园过桥米线连锁公司
平顶山市香山大酒店	九江市川王餐饮有限公司
北京市四川饭店	野力南海渔港大酒家有限公司
郴州得月楼酒店	长治市联众商贸发展有限公司
东方饺子王连锁经营有限责任公司	青岛京苑实业发展有限公司
乌海市蓝梦商贸有限公司	厦门豪享来餐饮娱乐有限公司
北京百万庄园西式餐饮有限公司	青岛锅贴有限公司
兰州金鼎牛肉面连锁有限公司	湖北省十堰市紫荆花美食城
北京御香苑饮食有限责任公司	临沂市天天过年饮食有限公司
西宁旺仔餐饮有限公司	家必得(天津)比萨饼有限公司
淄博泉香阁酒楼有限公司	北京英虞日式料理有限公司
大同市老大同饭庄	武汉三五
贵阳赤水情饮食有限公司	临沂一尺街餐饮有限公司

6—3 营业收入500万元以上连锁快餐业情况

(2004年)

80亿元以上(1家)
广东肯德基有限公司
10－15亿元(3家)
上海肯德基有限公司
浙江肯德基公司
北京肯德基有限公司
5－9.9亿元(5家)
百胜餐饮(沈阳)有限公司
广东三元麦当劳食品有限公司
北京麦当劳食品有限公司
深圳肯德基有限公司
南京肯德基有限公司
1－4.9亿元(28家)
青岛肯德基有限公司
苏州肯德基有限公司
上海华联麦当劳有限公司
百胜餐饮(武汉)有限公司
无锡市肯德基有限公司
天津麦当劳食品有限公司
麦当劳餐厅(深圳)有限公司
长沙肯德基有限公司
武汉麦当劳餐饮食品有限公司
厦门肯德基有限公司
南京麦当劳餐饮食品有限公司
深圳面点王饮食连锁有限公司
常州市丽华快餐有限公司
北京吉野家快餐有限公司
天津肯德亟基有限公司
沈阳麦当劳餐厅食品有限公司
上海新亚大家乐餐饮有限公司
大连肯德基有限公司
上海小绍兴集团公司
浙江麦当劳有限公司
太原肯德基有限公司
东莞肯德基有限公司
四川麦当劳餐厅食品有限公司
百胜餐饮(成都)有限公司
北京好伦哥餐饮有限公司
北京永和大王有限公司
上海永和大王餐饮有限公司
天津德克士食品开发有限公司
5000－9999万元(11家)
山东麦当劳(餐厅食品)有限公司
百胜餐饮(福州)有限公司
昆明德克士食品开发有限公司
安徽麦当劳(餐厅食品)有限公司
湖南麦当劳餐厅食品有限公司
四川德克士食品有限公司
昆明肯德基有限公司
福州麦当劳餐厅食品有限公司
新疆肯德基有限公司
马兰拉面快餐连锁有限责任公司
青岛麦当劳(餐厅)食品有限公司

1000－4999万元(33家)
杭州新丰餐饮经营公司
大连麦当劳餐厅食品有限公司
北京乐杰士餐饮有限公司
乌鲁木齐市百富商贸有限公司
深圳永南餐饮有限公司
北京禾谷园连锁经营有限公司
云南麦当劳餐厅食品有限公司
苏州老妈米线(连锁)有限公司
深圳大快活快餐有限公司
北京龙城丽华快餐有限公司
上海荣邦炸鸡连锁店
上海振鼎鸡实业发展有限公司
上海莫师饮食管理有限公司
北京康康快餐娱乐有限公司
北京半亩园快餐有限公司
杭州九百碗连锁餐饮公司
天津市食为天粮油便民连锁公司
昆明市饮食公司建新园
上海莫师乔家栅饮食有限公司
北京达美乐比萨饼有限公司
上海你我他快餐食品有限公司
南京刘长兴饮食有限责任公司
无锡市王兴记有限公司
北京馄饨侯餐饮有限责任公司
北京元绿回转寿司饮食有限公司
深圳市元绿回转寿司饮食有限公司
大连合兴快餐有限公司
北京老家快餐有限责任公司
重庆乡村鸡快餐连锁有限公司
新疆百花村快餐连锁经营有限责任公司
厦门麦当劳食品发展有限公司
广州东山区大西豪快餐公司
武汉永昌餐饮有限公司
500－999万元(9家)
广东省肇庆市德州牛仔快餐有限公司
滨州市粮油供应公司
昆明市饮食公司福华园
厦门市新佳美快餐食品有限公司
北京小肠陈饭庄
杭州永和餐饮有限公司
南昌市西湖区好口福风味小吃城
北京老家技术发展有限公司
天津大圆碗食品有限公司

附录　连锁餐饮业统计指标解释

1. 连锁企业(活动单位)的概念和指标解释

连锁企业(或称连锁店、连锁公司):指在核心企业或总店的领导下,由分散的、经营同类商品或服务的企业或活动单位,采取共同方针,实行集中采购和分散销售的有机结合,通过规范化经营,实现规模效益的经济联合组织形式。一般连锁店应由若干个门店组成。其经营特征:(1)经营同类商品;(2)使用统一商号;(3)统一采购配送,采购与销售相分离(部分商品可根据保质保鲜原则由供应商直接送货到门店,其余均由总部统一配送)。

连锁经营的本质是:采购与销售相分离,集中采购,分散销售,通过规范化经营,实现规模效益。

连锁门店包括下列两种形式:

(1)直营连锁:也叫正规连锁。连锁门店均由总部独资或控股开设,在总部的直接领导下统一经营。

(2)加盟连锁:也叫特许连锁。各连锁门店(被特许人)通过合同形式,取得使用总部(特许人)商标、商号、经营技术和销售总部开发的商品的特许权,各连锁门店均为独立法人,但无自主经营权,统一接受总部指导。

连锁店总部:指连锁店的核心企业或管理中心。

门店数:指该连锁企业所拥有的全部连锁门店数量,包括总店(如果总公司有门店)和全部直营店、加盟店数。其中,总店作为一个直营店处理,直营店+加盟店=合计。此外,有些地区分出控股店,控股店按直营店统计。

营业面积:指零售企业或餐饮企业按建筑面积计算的直接对顾客销售商品的固定场地和供顾客用餐的餐厅营业面积和从事食品加工、烹饪、调制的厨房面积,不包括办公室、仓库、加工场地等面积。

从业人员:指在该连锁企业工作并取得劳动报酬的全部人员。包括在岗职工、再就业的离退休人员、在该企业工作的外方人员、港、澳、台方人员、兼职人员、借用的外单位人员和第二职业者。不包括离开本单位但仍保留劳动关系的职工。从业人员包括总店和全部门店以及自有配送中心的从业人员。

配送中心:是连锁企业的物流机构,承担着各门店所需商品的进货、库存、分货、加工、集配、运输、送货等任务。配送中心主要为本连锁企业服务,也可面向社会。

统一配送比重:指统一配送的商品金额(按购进价计算)与全部商品购进总额之比。其中,自有配送中心配送比重指由本连锁企业的配送中心配送的商品比重,非自有配送中心配送比重指由第三方物流配送的商品比重。直营店和加盟店的配送比重指由总部统一配送的比重或接受统一配送的比重,而不是直营店和加盟店对外的配送比重。

营业收入:是按含税价计算。

零售额:指售予城乡居民直接用于生活消费和社会集团用于公共消费的商品的价值总额。

利润总额:指企业全年实现的利润。包括营业利润、投资净收益以及营业外收支净额。

资产总额:包括流动资产合计、长期投资、固定资产合计、无形及递延资产合计、其他长期资产。

负债总额:包括流动负债和长期负债。流动负债指企业将在一年或超过一年的一个营业周期内偿还的债务。包括短期借款、应付票据、应付帐款、预收帐款、其他应付款、应付工资、应付福利费、未交税金、未付利润、其他未交款、预提费用、一年内到期的长期负债、其他流动负债等。长期负债指偿还期在一年或超过一年的一个营业周期以上的债务。

2. 关于餐饮行业的解释

正餐:指提供各种中西式炒菜和主食,并由服务员送餐上桌的餐饮服务。包括各种中式正餐和西式正餐。

快餐:指服务员不送餐上桌,由顾客自己领取食物的一种自我服务的餐饮活动。包括各种中式快餐和西式快餐。

茶馆:以现场提供现场消费茶饮料为主,兼卖各式点心和小食品。包括各种茶艺馆、茶楼、茶铺等。

咖啡馆:以现场制作现场消费咖啡饮料为主,兼卖各式点心和小食品。包括各种咖啡馆、咖啡厅、咖啡屋等。

酒吧:以出售各种酒及酒精饮料为主,兼卖各式点心和小食品。

3.连锁业统计的有关规定

(1)关于利润总额、资产总额和负债总额三项指标,由总公司和统一财务核算的直营店汇总填报。加盟店由于与总公司没有资产关系,一般是独立法人,故加盟店不填报利润总额、资产总额和负债总额三项指标。

(2)限额以上连锁零售业和连锁餐饮业:是指该连锁企业的全部门店的销售额或营业额合计达到限额标准的。

(3)连锁年报和半年报均由限额以上连锁餐饮业的总公司或总店或外资企业的中国总部填报。

(4)对不规范连锁(如老字号开出的自称是特许连锁店,但实际上不规范管理也不统一配送的),统计时,统一配送比重按零处理。